Friedrich Firnhaber

Zur Geschichte des österreichischen Militarwesens

Skizze der Entstehung des Hofkriegsrates

Friedrich Firnhaber

Zur Geschichte des österreichischen Militarwesens
Skizze der Entstehung des Hofkriegsrates

ISBN/EAN: 9783743405318

Hergestellt in Europa, USA, Kanada, Australien, Japan

Cover: Foto ©ninafisch / pixelio.de

Manufactured and distributed by brebook publishing software (www.brebook.com)

Friedrich Firnhaber

Zur Geschichte des österreichischen Militarwesens

ZUR GESCHICHTE

DES

ÖSTERREICHISCHEN MILITÄRWESENS.

SKIZZE DER ENTSTEHUNG DES HOFKRIEGSRATHES.

VON

WEIL. **FRIEDRICH FIRNHABER.**

WIEN.
AUS DER K. K. HOF- UND STAATSDRUCKEREI.

IN COMMISSION BEI KARL GEROLD'S SOHN, BUCHHÄNDLER DER KAISERL. AKADEMIE DER WISSENSCHAFTEN.

1863.

(Aus dem XXX. Bande des von der kais. Akademie der Wissenschaften herausgegebenen Archivs für Kunde österreichischer Geschichtsquellen besonders abgedruckt.)

Die nachfolgende kurze Darstellung hat durchaus nicht den Zweck, eine erschöpfende Geschichte der obersten Militärverwaltung, wie sie sich in dem Hofkriegsrathe ausbildete, zu liefern; sie soll nur eine ganz kurze Skizze geben, in soweit mir dieses aus zufällig zugegangenen einzelnen Actenstücken und Excerpten möglich war. Diese letzteren befanden sich seit Jahren in der berühmten Jankovics'schen Sammlung in Pest, wohin sie wahrscheinlich aus dem Nachlasse irgend einer Militärperson gelangt sein mochten. Nach dem Tode des Besitzers kam die ganze Sammlung von Alterthümern, Kunstgegenständen, Urkunden, Acten u. s. w. zur öffentlichen Versteigerung, und die Frucht langjährigen Sammelfleisses wurde in alle Winde zerstreut. Die meisten der Denkmale der Schrift, als Urkunden, Acten, Autographen u. s. w. kamen in den Besitz der Kunst- und Autographen-Handlung Bermann in Wien, von welcher letzteren die den gegenwärtigen Gegenstand berührenden mit anderen interessanten Schriftstücken von Herrn Karl von Latour angekauft und seiner schönen historischen Sammlung einverleibt wurden. Er überliess mir, wie Ähnliches schon bei früheren Gelegenheiten, mit grösster Liebenswürdigkeit sämmtliche, diesen Gegenstand betreffenden Papiere zur Besichtigung und Bearbeitung, und ich glaubte sie für werthvoll genug halten zu dürfen, dass sie der Öffentlichkeit überliefert würden. So entstand aus den vorhandenen Actenstücken und Excerpten die nachfolgende Skizze. Ich wünsche, dass sie anspreche, und dass Männer vom Fach, denen die Zeit und mehr Quellen zu Gebote stehen, als mir, dieselbe zu einer grösseren Arbeit als eine nicht unwillkommene, vorbereitende ansehen mögen.

So einfach und unsystematisch das gesammte Kriegs- und Heerwesen der früheren Zeit war, ebenso einfach und ungeregelt war alles, was dazu gehörte. Erst das Aufhören des eigentlichen Ritter- und Lehenkriegswesens durch den ewigen Landfrieden vom Jahre 1495 war der Ursprung des Kriegshandwerkes. Der Krieger war von nun an nicht mehr Genosse seines Fürsten, dem er sich durch Lehenspflicht zu folgen verpflichtete; er wurde Mitglied eines eigenen abgesonderten Standes, der, unabhängig von einer, ich möchte sagen, patriarchalischen Verbindung, jedem seine Kraft oder Kunst widmete, der ihn bezahlte. Es war auch nur auf diese Weise möglich, die damaligen Verhältnisse einem gesicherten Zustande entgegen zu führen. Die Entwickelung des Bürgerstandes bedingte eine Macht in der Hand des Regenten, um der Intelligenz und dem Besitze hinreichenden Schutz angedeihen zu lassen, ohne welchen ein weiteres Fortschreiten unmöglich war.

K. Maximilian, der in seinem bewegten Leben so viel mit dem Kriegshandwerke zu thun hatte, war auch der erste, der den Kriegerstand zum Stande zu bilden suchte; vom ihm datiren die ersten Versuche, das Kriegswesen zu organisiren. Zu diesem Behufe theilte er, wie bekannt, das deutsche Reich in Kreise, deren Kreishauptleute eine geordnete Kriegsmacht unter sich haben sollten; er bestrebte sich, dem ganzen Kriegswesen eine geregelte Gestalt zu geben und errichtete beständig Regimenter, die er in Fähnlein oder Hauptmannschaften eintheilte und ihnen eigene Befehlshaber vorstellte. Er schuf die leichte und schwere Reiterei, er ist der Gründer einer neuen, der wichtigsten Waffe, der Artillerie.

Von ihm ist die erste systematische Bestrebung, die geregelte Aufbringung einer bewaffneten Macht anzubahnen, von ihm und Georg Freundsberg das erste Kriegsrecht, von ihm die erste Gründung einer besonderen Militärverwaltung. Freilich sind das alles nur Anfänge, die uns vielleicht kleinlich erscheinen mögen, doch sind es die Grundlagen zur Entwickelung der späteren Militärmacht.

Natürlich war denn auch damals die Verwaltung der militärischen Angelegenheiten ebenso ursprünglich und klein; es war weder nöthig, noch räthlich, die Militärverwaltungsgeschäfte zu isoliren; es war also eine eigene Stelle, die ebenso exclusiv die Verwaltung geführt hätte, als von jetzt an der Soldat exclusiv seinem Stande angehörte, nicht vorhanden, aber doch wurde bereits ein Anfang zu einer ordnungsmässigen Theilung der Geschäfte gemacht. Dem sogenannten Regimente: der Stelle, die man später die Landesregierung zu nennen gewohnt war, welche aber in früherer Zeit einen weitaus bedeutenderen Wirkungskreis hatte, wurden nebst der Verwaltung der politischen Angelegenheiten auch die des Kriegswesens untergeordnet, eben wegen der engen Verbindung, in welcher fortan die Streitmacht mit dem Wesen des Staates stehen sollte. Das Regiment (auch die geheime Stelle genannt) hatte seinen Sitz zu Wien. Die fortdauernden Kämpfe und die Gefahren, vorzugsweise von Seite der Osmanen, drängten bald auch zu einer weiteren Entwickelung der Verwaltung. Schon im Jahre 1529 im Monate Jänner wurde über die Errichtung eines beständigen, am Hofe des Regenten zu haltenden Kriegsrathes berathen; es soll vom Jahre 1531, dd. Linz 26. Februar, eine Instruction existiren, in welcher die Geschäfte angeführt sind, welche die Obliegenheiten der 4 Räthe, welche bei dieser Stelle zu creiren sind, zu bilden haben.

Diese Einrichtung scheint jedoch nie recht in's Leben getreten zu sein oder Bestand gehabt zu haben, denn um das Jahr 1556 machte die genannte „geheime" Stelle an den K. Ferdinand I. einen Vortrag über die Unthunlichkeit der ferneren Leitung der Militaria neben den Civilgeschäften, ein Beweis, dass sie noch fortwährend mit derselben betraut war. Die Folge davon war ein neuerlicher Beschluss, bleibend eine Stelle zu gründen, welcher das eigentliche Kriegs-, das Ökonomie- und Justizwesen des Militärs zugewiesen werden sollte. Die beiliegenden Actenstücke geben nun die Einsicht über die Verhandlungen, welche gepflogen wurden, um taugliche Persönlichkeiten aufzufinden, welche mit den Dienststellen von Hofkriegsräthen betraut werden sollten. Die Schwierigkeit, solche zu finden, verzögerte die Sache bis zum Ende des Jahres 1556. Der Landeshauptmann von Kärnten, Christoph Khevenhiller und Georg Paradeiser zu Villach bekamen den Auftrag, den Jakob Mallentein zur Annahme der Stelle eines Hofkriegsrathes zu vermögen, und als dieser die Annahme Alters und Gebrechen halber ablehnte, und die Unterhandlungen mit Siegfried Dietrichstein ebenfalls keinen Erfolg hatten, so schlugen sie den Kaspar von Mallentein als einen des Kriegswesens wohl erfahrenen und „in Italien und Croatien denen Feldzügen beigewohnten Rittersmann" vor. Zugleich fragten sie an, wie die zu behandelnden Parteien über die Anfragen zu behandeln wären, in was der Dienst bestehe, ob sie mit Rüstung zu Feld, bei Hof oder in Wien die Dienste zu leisten hätten. Nach einer weitern Anzeige der nämlichen — Khevenhiller und Paradeiser — vom Monat April 1556 (ddo. Villach 15. April 1556) haben weder sie noch die einvernommenen Landstände zur Besetzung der Kriegsraths-Stellen ausser den schon genannten Kaspar von Mallentein, Siegfried von Dietrichstein, und den von ersteren weiter namhaft gemachten Martin Mayer und Christoph Mordax keine anderen zu Kriegsräthen taugliche Männer vorzuschlagen gewusst.

In demselben Jahre (am 18. Mai 1556) erliess K. Ferdinand aus Prag einen Befehl an seinen Sohn Maximilian in Wien, dass, nachdem vermöge Berichtes des Landesverwesers in Steiermark, Georg Freiherrn von Herberstein, die ernannten Kriegsräthe Sigmund Galler, Georg Stadler, und Franz von Teiffenbach, dann auch von den andern Ländern keiner sich hierzu gebrauchen lassen wolle, Erzh. Maximilian auf andere taugliche Personen fürdenken solle, und falls keiner von den Landleuten sich zu verwenden geneigt wäre, alsdann der Kaiser bei seiner Zurückkunft den Kriegsrath mit anderen tüchtigen Personen besetzen würde.

Es lässt sich nicht sagen, ob und wie weit diese Verhandlungen den gewünschten Erfolg hatten [1]). Genug an dem, dass wir wissen, dass die definitive Durchführung des Gedankens der Gründung eines Hofkriegsrathes nicht mehr aufgegeben wurde. Wir finden nämlich weiter, dass am 17. November 1556 eine Instruction [2]) für denselben

---

[1]) Siehe die Beilagen I—VIII.
[2]) Siehe Beilage IX und X.

erlassen wurde, mit welcher Georg Freiherr zu Thauhausen, Ehrenreich von Khungesperg, Georg von Wildenstein, Gebhard Welzer und Sigmund Galler als die ersten Kriegsräthe ernannt wurden — der letztere der einzige, dessen Name auch schon oben genannt ist, die übrigen also wahrscheinlich solche, von denen K. Ferdinand oben gesagt hatte, er werde die Stellen selbst besetzen. Dies ist also die erste definitive Errichtung eines kriegsräthlichen Collegiums. Kunigsperg erhielt den Auftrag zur Umfrage im Kriegsrathe, das heisst: das Präsidium, und der ganze Kriegsrath das Recht, bei kleineren Summen selbst Aufträge an das Kriegszahlmeisteramt zuzufertigen, hingegen, was mehrere und höhere Summen antreffen würde, sich in's Einvernehmen mit der Hofkammer zu setzen.

Mit Bezug auf das letztere und um in den Geldsachen die nöthige Übereinstimmung zu erzielen, wurde gleichzeitig die Hofkammer beauftragt, und diese gab in Folge dessen die Erklärung ab (31. December 1556) [1]), dass sie dem Kriegsrathe in allen Angelegenheiten an die Hand gehen, und desshalb den Hofkammerrath Georg Teuffel zu den kriegsräthlichen Sitzungen abschicken wolle, so oft es nöthig sein werde.

Zugleich wurde das Nöthige an den obristen Zeugmeister Hans von Fisko und den Superintendenten der Gebäude, an den Obrist Proviantmeister, an den Verwalter der Hauptmannschaft in dem Arsenal, an den Mustermeister, an den Schiffmeister, an den Kriegszahlmeister, und zwar an den letzteren mit dem Anhang verordnet, dass derselbe den Kriegsräthen solche Auszüge übergeben soll, aus denen zu entnehmen wäre, was für Kriegsvolk an den Grenzen allenthalben vorhanden, wie weit dasselbe bezahlt und was ausständig sei [2]).

Wir haben hier eine Menge Stellen genannt, welche im Laufe der Zeit nach momentanem Bedarfe entstanden waren, und zu deren Vereinigung unter einer einheitlichen Leitung die Errichtung des Hofkriegsrathes Lebensfrage war.

Im Jahre 1564 gab K. Maximilian „eine eigene Ordnung, welche „bei Unser Hofkriegskanzlei durch unsere jetzige und khünfftige Kriegs-„Secretarien, Registrator, Expeditor, Concipisten, Ingrossisten und

---

[1]) Siehe Beilage XI—XIII.
[2]) Siehe Beilage XIV und XV.

„andere Kanzlei Persohnen — gehalten werden solle ¹)", ein Beweis des regelmässigen Fortbestandes und der Organisirung der neu creirten Kriegsstelle. Dies sollen die ältesten vorhandenen Acten sein, nur vom J. 1466 soll noch ein Actenfragment über die Türkenhilfe und ein Gutachten über die Errichtung des Militärs sine dato, circa 1500, existiren. Erst vom Jahre 1557 beginnen eigentliche Protokolle, die jedoch bis 1600 sehr mangelhaft sind.

Die Stellung des Hofkriegsrathes war bis dahin eine prekäre und nicht genau bezeichnete, da sich in Wien nur einige Glieder desselben befanden, die andern theils da und dort vertheilt waren und die Hauptsache immer die Obhut der Grenzen gegen die Türken war. Der Präsident war darum auch meistentheils des Kriegsschauplatzes wegen in Ungarn. Doch waren die Pflichten der neuen Stelle weniger militärisch, als vielmehr ökonomisch. Der Präsident und die Räthe waren nur zeitlich auf einige Jahre, durchaus Militärpersonen, und traten nach Ablegung ihrer Ämter wieder in den wirklichen Militärdienst zurück.

Die Hofkriegsräthe wurden genannt: Reichskriegsräthe, kaiserliche Kriegsräthe, steirische Kriegsräthe, einfach: Kriegsräthe, — die österreichische Hofkanzlei fuhr fort zu expediren: — an die Kriegsräthe, an das Militare, an die Muster-, Zahl-, Zeug- und Bauämter, an die Landesstellen, Kreise und Gespannschaften. Die Kriegsräthe empfingen Verordnungen von der Hofkanzlei, und erstatteten hinwiederum Berichte und Gutachten an sie.

Im Jahre 1582, den 5. März, wurde David Ungnad zum Kriegsrathe installirt. Derselbe erhielt am 1. Jänner 1592 eine Instruction qua wirklicher Hofkriegsraths-Präsident zur Bereisung der ungrischen Grenzen.

Man kann daraus mit einiger Gewissheit die Vermuthung ziehen, dass David Ungnad der erste wirklich so genannte Hofkriegsraths-Präsident gewesen sei, obwohl sich kein Actenstück vorfand, in welchem er zu dieser Charge ernannt wurde. Der Abgang darauf bezüglicher Actenstücke lässt sich vielleicht dadurch erklären ²), dass

---

¹) Siehe Beilage XVI.
²) So zerstreut und getheilt die Geschäfte des Hofkriegsrathes waren, eben so zerstreut waren die zu demselben gehörigen Kanzleien und die betreffenden Acten-Depositorien.

die Acten und Protokolle des Hofkriegsrathes noch im Jahre 1699 in der Burg aufbewahrt wurden, und bei einer ausgebrochenen Feuersbrunst viele Acten zu Grunde gingen. Den 16. Juli 1699 in der Nacht kam nämlich in dem neu erbauten Komödienhause hinter der Burg, durch Unvorsichtigkeit der Arbeiter mit Firniss-Sieden, ein grosses Feuer aus, welches nur ein alter, dicker Thurm von der Burg abhielt (s. Leopold's des grossen römischen Kaisers Leben 1708. Leipzig. Fritsch, p. 815). Bei dem grossen Schrecken, den diese Feuersbrunst verursachte, wurden alle oberwähnten Acten und Schriften durch die Fenster in den sogenannten Zwinger geworfen, und es mögen bei dieser Gelegenheit viele in Verlust gerathen sein. Aus den oben citirten Actenstücken aber die Richtigkeit des Factums genommen, dass David Ungnad erster Präsident gewesen sei, so zählt von da an die ununterbrochene Reihe der Hofkriegs-Präsidenten, deren Verzeichniss ich rükwärts beigefügt habe.

K. Mathias bestätigte im Jahre 1615 die von seinem Ahnherrn 1556 gemachte Stiftung und erliess eine den veränderten Umständen angemessene neue Instruction [1]).

Eine weitere Veränderung erfolgte unter K. Ferdinand III., welche zwar die von Ferdinand I. gegebene Instruction bestätigte, aber manches bezüglich der Rathssitzungen und der Behandlung der Geschäfte veränderte, wie nicht minder die Verhandlung der Geldsachen zu einer in Verbindung mit der Hofkammer zu behandelnden Angelegenheit erklärte [2]).

Sie befanden sich in dem sogenannten Schlosserhof in der Burg, im Zeughause auf der Seilerstätte, im vormaligen Fortificationsgebäude auf der Bastei, im gräflich Lascischen Hause, in dem Gebäude in der Wollzeile, wo nachmals die Post sich befand, in einem Gebäude neben der Minoriten-Kirche, in dem ehemaligen Kaiserhause in der Wallnerstrasse, in der Stallburg in der ehemaligen siebenbürgischen Hofkanzlei, in verschiedenen Casematten u. s. w.

Diesem Zustande wurde erst durch Kaiser Joseph II. abgeholfen, welcher im Jahre 1774 das Exjesuiten-Collegium am Hof zum Kriegskanzlei-Gebäude bestimmte, und es auf eine solche Weise herrichten liess, dass in demselben nebst dem Hofkriegsraths-Präsidenten, dessen Secretäre und den Beamten, deren Präsenz nothwendig war, das Kriegszahlamt, das Exhibitions-Protokoll, die Registratur und das Expedit des Hofkriegsrathes, das Archiv, das Genie- und Fortifications-Hauptamt, die Militärdepositen-Administration, das Artillerie-Hauptzeugamt, das Militär-Hauptverpflegsamt, das Invalidenamt, das niederösterreichische Generalcommando, dann das Stabsauditorial Judicium delegatum militare mixtum, das Ober-Kriegscommissariat und die Hof-Kriegsbuchhaltung untergebracht wurden.

[1]) Beilage XVII.
[2]) Beilage XVIII und XIX.

Von ihm ist auch die Gründung der Stelle eines Vicepräsidenten, zu welcher er als ersten Träger dieser Würde den Grafen Walter Leslie auf Neustadt, Hofkriegsrath, Kämmerer, Trabanten-Guardi-Hauptmann, obristen Feldzeugmeister und wirklichen Obristen ernannte.

K. Leopold erliess am 6. April 1675 eine neue Instruction, welche in ihrem Inhalte auf die früheren Bedacht nimmt und sie bekräftiget, zugleich aber ein wichtiges Document in der Beziehung ist, da beinahe die Hälfte ihres Inhaltes, die gegen die Türken errichtete Grenzvertheidigung, die sogenannte croatische und Meer-, auch windische und Petrinianische Grenze betrifft, welche letztere zugleich in aller und jeder politischen, militärischen und judiciellen Hinsicht dem Hofkriegsrath untergeordnet wurde [1]).

Vom Jahre 1556 an, wo K. Ferdinand dem Hofkriegsrathe die Geschäfte in politicis, oeconomicis, militaribus und justicialibus, nebst dem Muster- oder Commissariats-Amte, Obrist-Land- und Hauszeug-Amt, Fortifications-, Bau-, Schiff-, Brücken- und Proviant-Amt u. s. w. zuwies, bis zum Jahre 1762, ist die innere Gestaltung des Hofkriegsrathes vielfach verändert worden.

Unter K. Leopold wurde die unter dem Namen Kriegscommissariat errichtete Branche nicht blos dem Hofkriegsrathe, sondern auch der Hofkammer untergeordnet, in der Folge zuerst der Vorsteher des genannten Commissariates zur Charge eines General-Kriegscommissärs, ein zweiter zum obristen Kriegscommissär creirt; die Stelle selbst erhob sich von einer subalternen Stelle zu einer Hofstelle, bei welcher gleichzeitig mit dem geheimen Directorium in publicis et cameralibus die Commissariats-Geschäfte in Sitzungen von dem Chef und den beigegebenen Räthen behandelt wurden; die Proviatangelegenheiten wurden dann an die Hofkammer, an die Militär-Ökonomie-Commission und an das geheime Directorium in publicis et cameralibus etc. geleitet, — für die Pulver- und Salniter-, Invaliden- und Militär-Pensionsangelegenheiten wurden eigene, vom Hofkriegsrath unabhängige Hofcommissionen aufgestellt, die Militär-Justizgeschäfte einem eigenen hofkriegsräthlichen Justizcollegium zugewiesen.

Durch diese Theilung der Geschäfte entstand natürlicherweise der Übelstand, dass Geschäfte, welche unmittelbar in den Ressort des Hofkriegsrathes gehörten, in mehreren Händen herumliefen, insbesondere

---

[1]) Beilage XX.

aber, dass die in die Zweige der Militär-Ökonomie verflochtenen Processe an die Buchhaltereien, an das General-Kriegscommissariat u. s. w. um vorläufige Einvernehmung gehen mussten; da das General-Kriegscommissariat selbst in späterer Zeit in manchen Fällen an die Hof-Rechenkammer gebunden war, so mussten alle derlei Gegenstände mit Zeit- und Kraftverlust hin und her geschoben werden und dadurch einen Aufschub erleiden, welcher besonders bei Gelegenheiten, wo es sich um Geldauslagen, Anschaffungen u. dgl. handelte, häufig Nachtheile zur Folge hatte und der Einförmigkeit in der Behandlung der Geschäfte bei den so zerstückelten Geschäftsverhandlungen zum Nachtheile des Dienstes Eintrag that.

Das General-Kriegscommissariat hatte statt eines Geldvorrathes, Mann und Pferd u. s. w. nur meist die Ausweise auf dem Papier. Nach und nach kam die Armee selbst in einen solchen Zustand, dass schnelle Beweglichkeit zum Nutzen und Vortheil des Staates unmöglich wurde.

Solche Zustände konnten nicht unbeachtet bleiben. Man hatte verschiedene Veränderungen versucht, ohne die Übelstände in der Wurzel anzugreifen. Erst bei der Ernennung des F. M. Grafen v. Daun zum Hofkriegsraths-Präsidenten versuchte dieser, ein durch langjährige Erfahrungen praktischer Mann, den genannten Übelständen gründlich abzuhelfen.

Man war zu der Überzeugung gekommen, dass das Kriegscommissariat weder in der Eigenschaft einer zugleich vom Hofkriegsrathe und der Hofkammer abhängigen Stelle, noch als selbstständige Hofstelle, noch durch seine Einverleibung in das geheime Directorium in publicis et cameralibus seine Bestimmung erfülle, und dass seine derartige Gestaltung dem Allerhöchsten Dienste wesentliche Nachtheile zufüge.

Um diesen Nachtheilen entgegen zu wirken, versuchte man eine Reorganisirung. Es wurde hinsichtlich der Armeeverpflegung ein obristes Feld-Proviantamt unter einem eigenen Director errichtet, dasselbe unter das General-Kriegscommissariat gestellt, dieses aber bezüglich des Cassawesens, der Naturalienabgabe, der Controle und des Rechnungswesens unter die damaligen drei Finanzstellen, nämlich die General-Cassadirection, die Hofkammer und die Hof-Rechenkammer gestellt. Der General-Kriegscommissär und das Commissariat wurde mit dem Hof-Kriegspräsidenten und Hofkriegsrathe in eine solche Verbindung gesetzt, dass der General-Kriegscommissär mit einigen seiner Räthe zu den Sitzungen des Hofkriegsrathes gezogen, alle Militär-Ökonomieangelegenheiten in pleno des Hofkriegsrathes vorgetragen und erledigt wurden. Der General-Kriegscommissär hatte die in oeconomicis an den Kaiser zu erstattenden Vorträge in Gemeinschaft mit dem Hofkriegs-Präsidenten zu fertigen, doch stand ihm die Befugniss zu, ein Separatvotum abzugeben. Durch das General-Kriegscommissariat gingen dann die Aufträge in oeconomicis an dessen Untergebene, durch den Hofkriegsrath aber an die betreffenden Militärbehörden. In einer ähnlichen Vereinigung stand der Hofkriegsrath mit dem hofkriegsräthlichen Justiz-Collegium.

Die Justizgeschäfte wurden in einem besondern Senat unter einem eigenen Justiz-Präses zum Vortrage gebracht; der Hofkriegsraths-Präsident konnte aber nach seinem Belieben dem Justiz-Collegium präsidiren. Die Vorträge wurden unter der Signatur des Justizpräsidenten hierauf nach Hofe gegeben, mit einer Einbegleitung jedoch und mit Bemerkungen des Hofkriegsraths-Präsidenten. Eben so erflossen durch letzteren alle Mittheilungen an andere Hofstellen und Aufträge an die Unterbehörden.

Der Erfolg dieser neuen Anordnungen entsprach den gehegten Wünschen nicht. Man hatte beabsichtigt, durch diese Einrichtung des Feldkriegs-Commissariats eine leichtere Geschäftsbehandlung und zugleich eine gegenseitige Controle im Geldgebarungs-Geschäfte zu erreichen. Der General-Kriegscommissär sollte nicht blos in Friedenszeiten Alles verfügen können, was in das Geld-, Naturalien-, Transportswesen, Spitaleinrichtungs-Fach, überhaupt in das Militär-Ökonomiewesen einschlägt, sondern auch bei ausbrechendem Kriege alle diesfälligen Dispositionen für die Armee und ihre Dependenzen treffen. Er sollte daher auch am Sitze der obersten Militärverwaltung gegenwärtig sein.

Allein bald zeigten sich die üblen Folgen der Vermischung und Abhängigkeit des Verpflegswesens von den drei Finanzstellen, wie nicht minder die Divergenz des Verfahrens des abgesonderten Justiz-Collegiums.

Die Geschäfte kamen in Widersprüche und Stockungen, und der beabsichtigte Zweck der Controle, der doch nicht erreicht wurde, brachte den wesentlichsten Nachtheil für das Heerwesen selbst, da dem Hofkriegsrathe, der eigentlich leitenden Militärbehörde, durch das General-Kriegscommissariat und beiden durch die drei Hofstellen die

Hände gebunden waren, im Falle der Noth die Armee schnell zu versorgen und disponibel zu machen. Der commandirende General wurde vom Kriegscommissär abhängig, und alle Operationen konnten nur nach Massgabe der Vorkehrungen des General-Kriegscommissärs vor sich gehen. Abermals entstand eine vollkommene Lähmung. Feldmarschall Graf Daun machte selbst diese bitteren Erfahrungen in der Durchführung seiner Ideen; doch der Tod überraschte ihn 1766, bevor er seine neuen Vorschläge zur Änderung dieser Verhältnisse durchsetzen konnte.

Diese Änderung, welche man die zweite Epoche in der Geschichte des Hofkriegsrathes nennen kann, erfolgte erst nach seinem Tode, als Feldmarschall Graf Lascy von dem Nachfolger des im Jahre 1765 verstorbenen K. Franz I., K. Joseph II., zum Hofkriegsraths-Präsidenten ernannt wurde.

Man war zur Einsicht gekommen, dass die Stärke der Verfassung der militärischen Einrichtungen und also die Wirksamkeit des diese Verfassung handhabenden Hofkriegsrathes in einer solchen Organisirung der auf den streng militärischen Dienst, die Oeconomalia, die politischen und Justizgegenstände bezüglichen Geschäftsgebarung liege, dass alle diese Theile in einen mit dem Ganzen harmonirenden Einklang gebracht und erhalten werden. Die Verwendung des Soldaten [1]) in

---

[1]) In der früheren Zeit des österreichischen Militärwesens kannte man einen eigentlichen fortdauernd dienstthuenden Soldaten nicht; der einzelne Mann wurde geworben, und taxirte seinen Werth und seine Dienstzeit nach Belieben. Die Werbung fand in den Monaten Mai, Juni, Juli Statt; im November wurde wieder abgedankt, weil dann für das Gros der Armee die Winterquartiere bezogen wurden. Wie wenig Zeit bei dieser Manipulation zwischen der Zusammenstellung der Armee und der Entlassung derselben zur eigentlichen Dienstleistung übrig blieb, ist leicht zu ermessen. Die Armee oder ein Theil derselben war oft reif zur Abdankung, und die Zeit für die Winterquartiere vorhanden, bevor man nur daran denken konnte, gegen den Feind auszumarschiren. Eigentliche beständige Kriegsämter gab es nicht; man besetzte die Chargen erst im Falle des Bedarfes, die höchsten waren die Feld-Obristen. Nur wenn eine Armee Lager bezog, wurde ein Obrist-Feldmarschall ernannt, welche Würde meist nach Auflösung der Armee wieder erlosch.

Es existirte kein Verpflegs- und Besoldungssystem, die einzelnen Söldner, eben so die Chargen waren ungleich behandelt, die Bezahlung selten ganz in Geld, meist zur Hälfte in Tuch, woraus der Soldat nach Belieben sich seine Kleidung machen liess. Die Verpflegung bestand in Wein, Brod und Fleisch; über diese Artikel wurde bei den Musterungen, die fast das ganze Jahr hindurch dauerten, mit den Leuten auf den accordirten Sold abgerechnet, es war demnach kein Wunder, da es meist auch an Geld fehlte, dass der Proviant ausging und oft bis zur Hungersnoth Mangel daran entstand.

Kriegs- und Friedenszeiten, die Benützung der Geldmittel, die Herbeischaffung und Instandhaltung aller Erfordernisse waren in einer solchen Weise zu organisiren, dass die Armee, ohne eine Last zu werden, stets schlagfertig und bereit auf allen Punkten sei, und auch

Die gleichen Gebrechen kamen bei Armatur und Munition vor, und nicht selten musste man, wenn die Armee schon im Felde stand, bei den Reichsfürsten Pulver und Zundstricke erhandeln. Erst im Jahre 1683 fing man an, eine feste Grundlage für das Heerwesen in dieser Beziehung zu legen, welche sich nach und nach zu einem ordentlichen System und einem wechselnd grösseren oder kleineren Körper ausbildete. Wie der Staat selbst und die Armee, wie deren eigentliche militärische Eintheilung und Ordnung sich änderten, ebenso änderte sich das Militär-Ökonomiesystem. Im Jahre 1725 kam es zu einer definitiven Feststellung rücksichtlich der Verpflegungsfrage zwischen dem Ärar und den Regimentern, dann zwischen den letzteren und der obligaten Mannschaft. Wenige Regimenter hatten bedeutende, die meisten wenige oder gar keine Casse-Ersparnisse, sie behalfen sich mit den sogenannten Todten-Cassen, d. i. jenen, welche ihre Existenz dem Umstande verdanken, dass damals der obligate Gemeine für dispositionsunfähig gehalten wurde, und dessen Ersparnisse oder Nachlass dem Regimente zufielen.

Erst im Jahre 1748 aber wurde die Ökonomie-Verwaltung wesentlich verbessert. Es wurde für den Officier die ordonnanzmässige Gebühr in den deutschen Ländern nach dem Verhältnisse der Mundportionen monatlich um einen halben, und für den gemeinen Mann vom Feldwebel und Wachtmeister abwärts auf jede Brodportion monatlich um einen ganzen Gulden vermehrt. Die ordonnanzmässige Gebühr eines gemeinen Füsiliers wurde demnach in einer monatlichen Mundportion à 4 fl. nebst einem monatlichen Beitrage von 1 fl., also für die Erhaltung des Mannes jährlich 60 fl. vom Ärar gerechnet.

Anno 1755 wurde für die Dauerzeit der Monturen eine sogenannte Ökonomie-Ordnung im Druck herausgegeben, da die Ersparnisse der Cassen durchaus nicht ausreichen wollten.

Da man jedoch die Bemerkung machte, dass der Verfall der Cassen, aus denen die Verpflegung bestritten werden sollte, mehr innerer als äusserer Natur sei, so wurde 1757 1. November wieder eine Veränderung eingeführt, in Folge deren von den zum Behufe der Montur übrig gebliebenen Cassaersparungen nur ein Theil (pr. 13 fl. 37 kr. monatlich nur 1 fl. und jährlich 12 fl.) den Regimentern zufloss, der Rest aber theils auf gewöhnliche Ausgaben der Regimenter, theils auf die ehedem von Regimentswegen bestrittenen Zulagen bestimmt oder pro Aerario zurückbehalten wurde.

Auch diese Einrichtung hielt nicht lange Stich. Theils der grosse Verlust, den die Armee in der Schlacht bei Leyden 1757 erlitt, theils der allgemein in der Armee gegen die Montursanschaffung herrschende Tadel war Ursache, dass die Verordnung von 1757 wieder aufgehoben, und statt dieses Systems mit 1. Nov. 1761 das frühere von 1748 wieder eingeführt wurde, und zwar so lange, bis eine ganz neue Norm ausgearbeitet war, und im Jahre 1767 mit einer eigenen Montursanschaffung in's Leben trat.

Nach diesen neuen Normen erhält die Mannschaft vom Feldwebel und Wachtmeister abwärts statt der frühern ordonnanzmässigen Gebühr, welche für jeden Mann Schuld und Forderung ausfallen liess, jetzt alles vom Staate, was zum Unterhalte, überall und immer Alles finde, um nicht in ihrer Beweglichkeit gehindert zu werden.

Die Folge der richtigen Erkenntniss aller dieser Gründe war die durch K. Joseph II. 1766 neu geschaffene Organisirung des Hofkriegsrathes. Nach dieser wurden dem letzteren und seinem Wirkungskreise zugewiesen: alle ihm bereits früher zugehörigen militaria publica und politica mixta, die Geschäfte der ehedem abgesonderten Hofstellen und Hofcommissionen, nämlich des General-Kriegscommissariates, des hofkriegsräthlichen Justiz-Collegiums, der Pensions-Hofcommission, der Pulver- und Salniter-Hofcommission, das ganze Militär-Casse- und Verpflegswesen; er war in der Militärgrenze und in den Militär-Seestädten politische Obrigkeit; er hatte in der Folge weiter das Sanitätswesen aller an eine auswärtige Provinz anstossenden Grenzländer und die Angelegenheiten der illyrischen Nation, für welche früher eigene Sanitäts- und illyrische Hofdeputationen existirten; die Interimal-Administration und ebenso die Einrichtung der Bukowina auf den Fuss einer Provinz in politischem Sinne; seit der Aufhebung des bestandenen Universal-Depositenamtes, die Administration sämmtlicher auf mehrere Millionen sich belaufenden Pupillar- und Justicial-Depositen zu übernehmen u. s. w.

Um alle diese dem neuorganisirten Hofkriegsrathe als Centralbehörde zugewiesenen Geschäfte auf eine sichere Basis zu stellen, wurde angeordnet, dass alle aus dieser neuen Organisation entspringenden Obliegenheiten zum Behufe ihrer Erledigung regelrecht abgetheilt und eingetheilt werden sollten.

---

zur Bekleidung und im Erkrankungsfalle nöthig ist, — es konnte daher weder ein Guthaben noch eine Schuld stattfinden. Die Geld- und Natural-Gebühr der Regimenter, welche in der Löhnung und Gage, dann in Brod und Service bestand, wurde durch den auf die Monats-Tabellen sich gründenden einfachen Verpflegsentwurf berechnet. Auf solche Weise wurde die frühere Individual-Verrechnung gänzlich aufgehoben und eine ganz einfache, allgemeine Verrechnungsart eingeführt.

Die Regimenter verrechneten sich mit dem Kriegs-Commissariat alle Monate auf die in loco verwendete Gage, Löhnung, Naturalien und Service.

Nach Verlauf eines Vierteljahres wurden nach diesem System die Vorspanns-, Schlafkreuzer-, Recrutirungs- und Remontirungs-Gelder verrechnet.

Alle halbe Jahr empfingen die Regimenter die ausgemessenen Pauschalien für Feld-Requisiten und Regiments-Auslagen.

Mit Ende des ganzen Jahres verrechnen sich die Regimenter über die Gebühren, und die von den Ökonomie-Commissionen auf diese Gebühren empfangenen Monturs- und Rüstungs-Gegenstände.

Alle militaria publica, politica mixta, justicialia und oeconomica wurden nach dem Beispiele des Hofkriegsrathes in Wien auch in jeder Provinz vereinigt. Der Präsident, jeder Rath, jeder Beamte wurde an die genaueste Ordnung gebunden, — dem Expedite, der Registratur, dem Protokolle jedes Departements, dem Archive und jeder andern Branche, jedem Generalcommando und jedem Einzelnen sein Wirkungskreis mit den aus Localitäts- und anderen Rücksichten entspringenden Modalitäten vorgezeichnet, und so die ganze neue Einrichtung auf einen solchen Fuss gesetzt, dass Tag für Tag alle dem Hofkriegsrathe zukommenden Geschäfte im Ganzen wie bei den einzelnen erledigt, jede Woche an solchen Tagen, die mit dem Postlaufe in Verbindung standen, zwei ordinäre Rathssitzungen gehalten werden, und die Geschäfte einer jeden Sitzung vor Beginn der nächsten Sitzung abgethan sein mussten. Dringende Gegenstände waren augenblicklich zu erledigen; bei höchst wichtigen Angelegenheiten, worüber nach Umständen ohne Verzug das Nöthige eingeleitet und angeordnet werden muss, waren nöthigenfalls brevi manu durch Verbindung und mündliche Verhandlung zwischen den einzelnen betreffenden Räthen, Branchen und Ämtern zu fördern und zu erledigen.

War der Hofkriegsraths-Präsident, in dem sich alles concentrirte, krank oder abwesend, so war das Präsidium von dem nächsten an seiner Seite stehenden Generale nach nöthiger Instruction zu versehen, und das Nämliche galt bei jedem Commandirenden, bei jedem Chef einer einzelnen Branche, so dass nach jeder Sitzung über alle wichtigen und currenten Geschäfte die Protokolle an Se. Majestät, bei den Generalcommanden und subalternen Branchen an den Hofkriegsrath zu gehen hatten.

Der Sitz des Hofkriegsrathes hatte dort zu sein, wo Se. Majestät die Residenz hat. Er hat bei sich das Generalcommando jener Provinz, wo die Residenz ist, das Artillerie-Hauptzeugamt, das Genie- und Fortifications-Hauptamt, das Invalidenamt, das Kriegszahlamt, die Kriegs-Buchhaltereien. In jeder andern Provinz war ein Generalcommando, die Directionen der Natural-Verpflegs-, Artillerie-, Zeugs-, Fortifications- und Invaliden-Branche, dann eine Kriegscasse.

Sonach existirten Generalcommanden in Österreich ob und unter der Enns und für die Vorlande, in Inner- und Ober-Österreich, in Böhmen, in Mähren und Schlesien, in Galizien, in Ungern, in Siebenbürgen, in Italien, in den Niederlanden, im Karlstädter Generalat, in der Banal- und Warasdiner Grenze, in der slavonischen Militärgrenze, und diese hatten nach Umständen die nöthigen Militärcommanden unter sich.

Wie im Frieden die Regimenter und Corps einquartiert und eingetheilt wurden, und die Geschäfte theils gleich zu erledigen waren, theils an eine sichere Instanz gingen, eben so war gesorgt, auch im Kriege den gleichen Weg der Ordnung einzuhalten.

Jedes Regiment und Corps hatte zuerst für den Unterricht im Militärdienst nach dem bestehenden Reglement [1]) zu sorgen, und da bei der Administration der Militärwirthschaft keine Admodiation oder Pachtung, sondern eine eigene Regie bestand, hatte dasselbe zu Besorgung der Geldgeschäfte einen Rechnungsführer mit den nöthigen Fourieren, zur Erhaltung der Disciplin und zur Handhabung der Justiz einen eigenen Gerichtsbeamten oder Auditor.

Die Gerichtsbarkeit der Feldregimenter und Corps war bis auf die casus per mandatum speciale principis exceptos uneingeschränkt,

---

[1]) Bezüglich des eigentlichen Militärdienstes, der Exercitien und der grösseren Kriegsübungen enthalten die Reglements-Regulamente, welche zur Richtschnur für die Armee hinausgegeben wurden, die nöthigen Vorschriften; die Truppen werden darnach unterrichtet, ausgebildet und zum Kriege vorbereitet.

Die Rechte und Pflichten der Einzelnen werden durch die Kriegsartikel geregelt, welche den Regulamenten eingeschaltet waren.

Unter Kaiser Maximilian bestanden noch keine förmlichen Regimenter; es existirten nur die Reiter- und Fussknechtsbestallungen, dazu eine Art von Feld-Polizeisatzung in 111 Artikeln.

Im Jahre 1507 erfolgte eine Fussknechtsbestallung von 74 Absätzen und ein Kriegsartikelbrief von 22 Artikeln.

Als später die Kreisregimenter im Reiche errichtet wurden, erfloss der erste Kriegsartikelbrief Karl's V. mit 49 Artikeln.

Als unter der Regierung Kaiser Maximilian's II. die Gefahr von Seite der Türken drohender und dagegen geordnete militärische Hilfe nöthig wurde, wurden die deutschen Reichsstände zum Beistande aufgefordert. Es erschien bei dieser Gelegenheit im Jahre 1565 ein vermehrter Artikelsbrief von 74 Artikeln für die Reichsarmee.

K. Ferdinand III. gab für seine Armee einen eigenen Artikelsbrief von 30 Artikeln ddo. Wien 5. Nov. 1658.

Ein weiterer neuer Kriegsartikelsbrief erschien unter K. Leopold's Regierung im Jahre 1668 in 60 Artikeln. In dem ersten derselben ist die Verordnung enthalten, dass das Kriegsvolk dem Kaiser und dem Reiche Treue und Gehorsam zu schwören hat.

Dieser Artikelsbrief K. Leopold's blieb für die Folge das Kriegsgesetzbuch für die k. Armee. Er wurde durch verschiedene Kürzungen und deutlichere Fassung im Jahre 1769 verbessert und in 49 Artikel zusammengefasst.

so dass der Geschäftszug von ihnen zur Revision an den Hofkriegsrath ging.

Die Grenzregimenter waren bezüglich ihrer Jurisdiction, die sie zwar auch selbstständig ausübten, von den Feldregimentern unterschieden.

In causis civilibus ging die Appellation an die Generalcommanden, von diesen nimmt die Sache ex duabus difformibus den Zug zur Revision an den Hofkriegsrath. Die Militär-Communitäten in der Grenze waren selbstständig in civilibus bei den Magistraten salva appellatione et revisione, — in criminalibus wurde das Verfahren bis zur Special-Inquisition formirt, dort, wo nicht ein eigenes Stadtgericht, wie z. B. in Zengg existirte, mit Zuziehung eines Regiments-Auditors abgeführt, die Sentenz nach Kriegsrecht entworfen und ein jeder solcher Act ante publicationem dem Hofkriegsrathe zur Ratification eingeschickt.

Bezüglich aller Gegenstände bei den einzelnen Regimentern und Corps, welche die Bequartierung, die Krankenflege, die Werbbezirks-Einrichtung, Aushebung der Recruten, Beurlaubung und Abgebung der Soldaten zu öffentlichen und Privatarbeiten, das Marsch-, Vorspanns- und Transportswesen, den Einkauf der inländischen Pferde, Verbindung mit Landesgestüten, mit einem Worte solche Gegenstände betreffen, bei welchen das Militär mit dem Civil in Berührung kommt, waren die Regiments- und Corps-Commandanten einerseits, die Ortsobrigkeiten, Dominien und Kreisämter andererseits zum wechselseitigen Einverständniss angewiesen und dafür eigene Belehrungen und Instructionen vorhanden.

Zu zwei, höchstens drei Regimentern gehörte ein Generalmajor qua Brigadier, und über zwei Generalmajors war ein Feldmarschalllieutenant bestellt, worauf weiter, wenn es die Truppenzahl forderte, ein Feldzeugmeister oder General der Cavallerie folgte. Von diesen ging der Geschäftszug an die Generalcommanden. Alle jene Gegenstände, welche rein militärische Angelegenheiten betrafen, d. h. eigentliche Kriegs- oder Militär-Dienstsachen, wurden bei und zwischen den Regimentern, in höherer Instanz zwischen den betreffenden Generalen und den Generalcommanden verhandelt, nach Umständen an den Hofkriegsrath berichtet oder directe von ihm verfügt. Bezüglich alles dessen, was in die Ökonomie einschlägt und die Finanzen betrifft, hatten die Brigadiers Commissariatsbeamte an der Seite, die theils die

Controle zu führen hatten, theils die Geschäfte selbst leiteten und erledigten. Kamen Angelegenheiten vor, welche von den oben genannten nicht erledigt werden konnten, so gingen die Regiments- und Corps-Berichte mit den Bemerkungen der ersteren und unter ihrer Mitfertigung an die Feldmarschalllieutenants und respective Departements, die entweder das in ihren Ressort Fallende erledigten oder weiter wieder in derselben Weise an die Feldzeugmeister oder Generale der Cavallerie zur schliesslichen Entscheidung leiteten.

Zur Besorgung solcher obengenannten Geschäfte, welche weder bei den Brigaden, noch bei den Departements erledigt werden konnten, also an die Generalcommanden gingen, waren den letzteren nebst dem nöthigen Kanzleipersonale Ober-Kriegscommissäre, Auditor-Lieutenants oder Stabs-Auditors beigegeben. Die Auditor-Lieutenants oder Stabs-Auditors hatten überdies bei den Generalcommanden bezüglich jener Militärparteien, die nicht zu den Regimentern und Corps gehörten oder eigene Gerichtsbarkeit hatten, die vorkommenden Civil- und Criminal-Untersuchungen, die summarischen Verhöre etc. vorzunehmen.

In den deutschen Provinzen waren für solche nicht zu einem Regiment oder Corps gehörigen Personen judicia delegata militaria mixta aufgestellt, welche aus dem commandirenden General, dem Auditor-Lieutenant oder Stabs-Auditor und den von der Civiljustiz beigegebenen Räthen bestanden.

In Ungern, Italien und den Niederlanden bestanden keine derlei gemischte Justizcollegien, sondern theils judicia delegata pure militaria, theils Auditoriatsämter.

Sowohl die judicia delegata militaria mixta, als die judicia pure militaria und die Stabs-Auditoriatsämter sprachen nur Recht in civilibus salva appellatione an den Hofkriegsrath.

Durch diese oben dargestellte Verbindung des Ökonomie- und Justizwesens mit den Generalcommanden, sowie der letzteren mit den Natural-Verpflegs-, Artillerie-, Fortifications- und Invaliden-Branchen, ingleichen den Kriegscassen und den betreffenden Civilbehörden, erwuchs der Vortheil, dass alle Gegenstände schnell und kurz abgemacht und erledigt werden konnten.

In den Militärgrenzen, wo keine Civilgouvernements bestehen, waren die Generalcommanden auch politische Obrigkeit, und hatten demnach nebst den Militärsachen auch alle anderen, das Land, dessen Polizei, Justiz und Finanzen betreffenden Geschäfte auf sich.

In den Militär-Seestädten, im Karlstädter Generalat zu Zengg und Carlopago bestand nebst dem Militär-Commandanten und respective Castellano mit seiner Kanzlei noch ein ordentlicher Stadtmagistrat, ein Mercantilgericht, ein Sanitätsmagistrat, und in Zengg insbesondere zwei Real- und ein nautischer Lehrer zum Unterricht für die Jugend.

In allen übrigen Militärgrenzen bestanden privilegirte Militär-Communitäten, jede mit einem Stadtrichter, einem Syndicus, einigen Räthen u. s. w.

Von allen Generalcommanden der einzelnen Provinzen empfing der Hofkriegsrath die Elenche oder Auszüge über die bei ihnen zur Erledigung gekommenen Angelegenheiten, welche von den Secretären oder Concipisten, Ober-Kriegscommissarien, Stabs-Auditoren oder Auditor-Lieutenants verfertigt werden mussten, und über die gemeinschaftlichen Verhandlungen und Verfügungen der Militär- und Civilbehörden gemeinschaftliche Protokolle, aus welchen der Hofkriegsrath das Ganze übersehen, oder bei Gegenständen, welche zur Entscheidungseinholung mit Bericht vorgelegt wurden, seine Bescheide hierauf erlassen konnte.

Das Genie- und Fortifications-Hauptzeugamt und der diesen vorgesetzte General-Geniedirector hatten das Ingenieur-, Mineur- und Sapeur-Corps unter sich, welche jedoch als Militärcorps nach der allgemeinen Militärverfassung an ihre respectiven Generalcommanden angewiesen waren.

Das Ingenieur-Corps hatte in causis civilibus das Erkenntniss und die Jurisdiction, der Recurs von seinen Entscheidungen ging an den Hofkriegsrath, eben so die Erhebung der Verlassenschaften. Bei kleineren Verbrechen, welche von Officieren begangen wurden, d. i. bei solchen, wo es auf einen Arrest oder eine kleine Strafe ankam, hatte das Corps die Untersuchung des Facti und die Bestrafung, bei förmlichen Criminalprocessen ging beim Corps nur die Untersuchung vor sich, und diese wurde dem Hofkriegsrath eingereicht; nur bezüglich der Mannschaft des Mineur- und Sapeur-Corps, vom Unterofficier abwärts, hatte der General-Geniedirector das jus gladii sowie der Regiments-Inhaber.

Der Dienst des Ingenieur-Corps bestand in der Besorgung der Fortifications-Bauangelegenheiten und der Errichtung und Erhaltung der Militärgebäude.

Die Officiere des Sapeur-Corps dienten mit den Officieren des Ingenieur-Corps, die Unterofficiere und Gemeinen des Sapeur-Corps wurden in Friedenszeiten bei den Festungsbauten verwendet.

Das Mineur-Corps gehörte seinem Namen nach zum Minenbau und allem demjenigen, was auf das Minenwesen Bezug hatte.

In jeder Provinz war dort, wo das Generalcommando sich befand, eine Fortifications-Districtsdirection, in Ungern aber waren mehrere Districtsdirectionen vorhanden. Das Verhältniss des Fortifications-Directors zum Platzcommandanten bestand darin, dass dem Commandanten von Allem, was in Fortificationsangelegenheiten vorgenommen wurde, ein mündlicher Rapport zu erstatten war, und er die Bauanträge für den gewöhnlichen Unterhalt mitzufertigen hatte.

Der Ingenieur hatte mit den Geldern nichts zu thun, er hatte keine Rechnungsbehörde neben sich, sondern erstattete nur einen jährlichen Rechnungsbericht, in welchem jedes Object auszuweisen kam.

In den Ressort der General-Geniedirection gehört auch die Ingenieur-Akademie zu Wien.

Das Artillerie-Hauptzeugamt ist dem General-Artilleriedirector untergeordnet. Die Artillerie theilt sich in die Feldartillerie und die Garnisonsartillerie, bei jeder befindet sich das betreffende Zeugwesen.

Die Feldartillerie bildete 3 Regimenter wie alle übrigen Regimenter. Ihre Beschäftigung war die Artillerielehre, welche die Mannschaft theoretisch erlernt und praktisch ausübt, um sich zum Felddienst brauchbar zu machen. Es bestanden zu dem Ende bei jedem Regimente mathematische und Zeichnungsschulen mit den betreffenden Ober- und Unterlehrern.

Jedes Artillerieregiment hatte, wie jedes andere kaiserliche Regiment, seine eigene Gerichtsbarkeit. Der General-Artilleriedirector hatte das jus gladii, von ihm hing es ab, dieses Recht an die Inhaber zu übertragen; die Processe mussten bei jedem Regimente, das sie betrafen, zu Ende geführt werden. Die Ökonomie-Geschäfte wurden von den Generalcommanden, in den Ländern, wo die Regimenter lagen, durch die Ober-Kriegscommissariate geführt, die anderen Dienstangelegenheiten wurden von dem Generalcommando im Einverständniss mit der Artillerie und respective dem Hauptzeugamt verhandelt; im allgemeinen Dienste richteten sich die Artillerieregimenter nach den Dispositionen des betreffenden Generalcommando.

Für das Feldzeugwesen bestand ein eigenes Feldzeugamt unter dem Hauptzeugamt; bei demselben befand sich ein Stabsofficier von der Artillerie, ein Professor der Mathematik und das nöthige Hilfspersonale, wozu auch Officiere von den Regimentern commandirt werden konnten.

Bei dem Feldzeugamt wurde der Unterricht in der Oberfeuerwerks-Meisterei, im Zeichnen und der Arbeit im Laboratorium gegeben, über alle Geschütze, Munitionssorten, Feuerwerkskörper, Montirungen u. dgl. die Zeichnungen gemacht und darnach der Bedarf erzeugt; ebendaselbst wurden alle neuen Erfindungen, Verbesserungen, Vorschläge etc., die in das Artilleriewesen einschlagen, geprüft, untersucht und beurtheilt.

Die Garnisonsartillerie wurde gebildet aus der nicht mehr zum Feldkriegsdienste volle Brauchbarkeit habenden Mannschaft. Sie war in der ganzen Monarchie in Districte getheilt und in den wichtigsten Plätzen dislocirt. In jedem District war ein Stabsofficier als Commandant in dem Hauptplatze, die nöthige Mannschaft sammt Officieren ebendaselbst und in den kleineren Plätzen, ihr Hauptdienst die Besorgung des Festungsgeschützes in Verbindung mit allen dazu gehörigen Artillerie- und Kriegserfordernissen.

Sie hatte die Erhaltung und Ausbesserung des Vorhandenen sowie die Erzeugung des neuen Bedarfes zu besorgen, daher gehörten in ihren Ressort auch die Stuckgiessereien. Sie unterstand dem Hauptzeugamt und dem General-Artilleriedirector, nur in besonderen gemischten Geschäften (militaria politica) und Justizsachen wurde sie durch das Generalcommando vertreten, und ging von diesem der Zug an den Hofkriegsrath.

Zu den Geschäften der Garnisonsartillerie gehörte auch die Erzeugung des Salpeters und des Pulvers.

Die erstere geschah durch Benützung des vorkommenden Materials, oder durch Anlegung eigener Plantagen; die Anschaffung eines Theiles desselben musste, da der ganze Bedarf nicht im Inlande erzeugt werden konnte, durch Ankauf aus dem Auslande bestritten werden.

Die Erzeuger dieses Artikels im Inlande wurden mit einer eigenen Licenz ausgestattet, da die Erzeugung selbst als Monopol betrachtet wurde.

Der erzeugte Salpeter wurde gereinigt in das Magazin abgeliefert, dort zur Pulvererzeugung gefasst und das erzeugte Pulver dann in

Magazinen aufbewahrt, aus welchen auch zum Gebrauche des Publicums abgegeben wurde.

Das Militär-Hauptverpflegsamt und die dazu gehörige Inspection hatte die Herbeischaffung der Naturalien und Materialien und die Aufbewahrung desselben zu besorgen. Es war für jede Provinz das Quantum des Vorrathes an Mehl, Hafer und Heu bestimmt, und die successive Verwendung dieser Vorräthe und die Nachschaffung des Abganges zu besorgen.

Die Verproviantirung der Festungen nach dem Stande der Garnison und der Zeit war Aufgabe des Verpflegsamtes.

Eine eigene Abtheilung des letzteren bildete die sogenannte Betten-Regie für die kasernirten Truppen und das Fuhrwesen, welches nach Provinzen eingetheilt war.

Das Verpflegs- und Fuhrwesen hatte keine eigene Gerichtsbarkeit, in Gerichtssachen unterstand es dem Generalcommando, in Kriegszeiten dem Stabsauditoriat des Armee-Generalcommando.

Das Militär-Invalidenamt mit einem Präsidenten hatte unter sich das Wiener, Prager, Pettauer, Mechelner, Pester und später Tyrnauer Invalidenhaus mit den Filialen in Pardubitz, Brandeis, Podiebrad, Leopoldstadt und Wien. Daselbst wurden verpflegt 218 Stabs- und Oberofficiere, 5176 Unterofficiere und Gemeine sammt den Frauen und Kindern.

In seinen Ressort gehören:

Die Abfertigung der Invaliden mit ihren Forderungen und Dienstgratiale, worüber ein protocollum perpetuum gehalten wurde.

Die Abfertigung der Weiber und Kinder der gestorbenen Invaliden, die Verwaltung des denselben zukommenden Vermögens.

Die Aufsicht über die theils auf ihren eigenen Besitzungen, theils bei Obrigkeiten oder Verwandten untergebrachten, mit ärarischer Verpflegung lebenden Invaliden; eben so über die ausser den Invalidenhäusern lebenden, vom Invalidenhause verpflegten Officiere, vom Obristlieutenant abwärts.

Das Officierstöchter-Institut zu St. Pölten.

Die Administration der Fonds und die Evidenzhaltung des Standes der Regimentshäuser.

Die Versorgung der nicht in den Regiments-Erziehungshäusern aufgenommenen gesunden und gebrechlichen Soldatenkinder und der Weiber.

Die Administration der dem Invaliden-Institut zugehörigen Güter und anderer Vermögenszweige. Das Invaliden-Institut hatte sein eigenes Auditoriat nicht nur zur Ausübung der Civil-Gerichtsbarkeit, sondern auch zur Vertretung des Institutes bei den Militär- und Civil-Gerichtsstellen; Criminalfälle waren ante publicationem dem Hofkriegsrathe vorzulegen. Es bestritt seine Bedürfnisse aus seinen eigenen Mitteln und Capitalien; reichten diese nicht aus, so wurde der nöthige Zuschuss aus dem Militär-Ärar gemacht.

Die weiteren dem Hofkriegsrath untergeordneten Branchen waren das Militärspital, medicinisch-chirurgische Lehranstalt, Thierspital, Montursgeschäft, Recrutirung, Wiener-Neustädter Akademie, Leibgarden, Regiments-Erziehungshäuser.

Unter der unmittelbaren Leitung des Hofkriegsrathes standen das Haupt-Militärspital zu Wien, die medicinisch-chirurgischen Professuren für den Unterricht der Militärärzte in der Medicin und Chirurgie, das Thierspital mit der Tendenz zur Bildung tüchtiger Curschmiede, das Montur-Ökonomiegeschäft, welches einen eigenen Inspector mit den verschiedenen Monturscommissionen hatte, das Recrutirungswesen, nach welchem kraft der im Jahre 1765 eingeführten Ordnung jedem deutschen Feld-Infanterieregiment ein eigener Werbbezirk zugewiesen war, so wie den Bezirken für die Aufbringung von Cavallerie; ferner die in den Seestädten Hamburg, Lübeck und Bremen früher bestandenen kaiserlichen Werbeplätze, welche wieder in's Leben gerufen wurden.

Unter dem Hofkriegsrath standen ferner die Theresianische Militär-Akademie mit einer Local- und Oberdirection, die Arcièren-, ungrische und galizische Garde, welche letztere nur in Rücksicht dessen, was die Dienstleistung bei Hof betraf, dem k. k. Oberstmeisteramte untergeordnet war; dann die Regiments-Erziehungshäuser, welche bei jedem deutschen, ungrischen, wallonischen und italienischen Regimente bestanden, und deren jedes 48 Knaben, in 4 Classen getheilt, erhielt und unterrichtete.

Schliesslich haben wir noch die finanzielle Gebahrung des Hofkriegsrathes sowohl in Kriegs- als Friedenszeiten zu beleuchten. Die bedeutende Geldverwaltung des Hofkriegsrathes erforderte nothwendig eine Controle. Diese war zweifach. Die eine erstreckte sich auf die Geldgebarung der dem Hofkriegsrath untergeordneten Diener, rück-

sichtlich des genauen Vollzuges der Geldgeschäfte in der Quantität und,
so weit es Naturalien und Materiale betrifft, in der Qualität.

Die zweite controlirte den allgemeinen Empfang für den Militär-
Etat und dessen Verwendung, und die Dispositionen des Hofkriegsrathes
in ökonomischer Rücksicht.

Zur ersten gehörten die Feld-Kriegscommissariate, welche durch
ihre Ausweise und Rechnungen an die Hof-Kriegsbuchhalterei angewiesen sind, von welcher die Revision an die Hof-Rechenkammer ging.

Die zweite Controle war allein die Hof-Kriegsbuchhalterei und die
Hof-Rechenkammer.

Nach Ausgang jedes Jahres wurde der Totalausweis über Empfang
und Verwendung gemacht und Allerhöchsten Ortes vorgelegt.

Zugleich mit dem Abschluss eines jeden Jahres kam seit dem
Jahre 1781 die Rectificirung der zum Grunde des Friedens-Militär-
erfordernisses gemachten Berechnung der Nothwendigkeiten und Ausgaben in militari nach den jeweiligen Anordnungen, und also der Vor-
anschlag für das künftige Jahr zu Stande; der Nutzen dieser Verfügung
ist klar dadurch, dass man stets sogleich ersah, in wie weit die prä-
liminirten Auslagen gedeckt sind, wo Zuschüsse nöthig waren und in
wie weit ein Land dem andern aushelfen konnte.

Die Dotation des Hofkriegsrathes bestand in jährlichen 24 Millionen zur Bestreitung der currenten Auslagen; Ersparungen kamen den
Finanzen zu Gut, d. h. sie wurden bei der Vorlage des nächsten Jahres
in Abzug an der Dotation gebracht.

Neben dieser gewöhnlichen Dotation hatte der Hofkriegsrath für
seine in und ausser Wien befindlichen Kriegscassen einen Cassebestand,
Geldverlag oder Fundus instructus von 2 Millionen zur Deckung seiner
Auslagen für den Fall unvorhergesehener Ereignisse; — um nie eine
Stockung eintreten zu lassen, mussten mit Abschluss jedes Jahres diese
2 Millionen bei den Kriegscassen (ohne Einbeziehung der Filial-, d. i.
Verpflegs-, Monturs-, Zeugs- und anderen Cassen) als vorhanden in
Ausweis gebracht werden.

Die extraordinären Auslagen bei der Finanzverwaltung des Hofkriegsrathes wurden in die zeitlichen und zufälligen getheilt.

Zeitliche Extraordinarien wurden genannt: neue Festungsbauten,
die Anschaffung von Kriegserfordernissen u. s. w. Derlei Gegenstände
wurden durch ausserordentliche Dotation bedeckt oder durch bestimmte
Zahlungsraten, welche mit der Vollendung der Sache wieder aufhörten.

Zufällige Extraordinarien sind jene, welche auf Gegenstände sich bezogen, die anzuordnen waren und in die Rubriken der ordinären Dotation nicht aufgenommen, also von letzterer nicht bestritten werden konnten.

Für beide Gattungen von Gelderfordernissen, die zeitlichen und die zufälligen, wurde das Geld von der jeweiligen Finanzverwaltung extraordinarie nach Bedarf entweder in Raten oder auf einmal angewiesen.

Über den Stand der ordinären Dotation, über die sämmtlichen Extraordinaria und über alle untergeordneten Zweige der Geldgebarung wurden die nöthigen Vormerkungen und Ausweise immer in der Art geführt, dass der Hofkriegsraths-Präsident stets im Stande war, sich augenblicklich über den Stand der gesammten Militärwirthschaft zu orientiren. Für den Fall eines ausbrechenden Krieges änderten sich natürlich die Gelderfordernisse und deren Bedeckung.

Die zu den ersten Anschaffungen erforderlichen und voraus zu bestimmenden Summen waren alsogleich an den Hofkriegsrath abzuliefern, jene für die Bedürfnisse während der Dauer des Krieges sollten Monat für Monat von den Finanzen in der Weise vorausbezahlt werden, dass die Gelderfordernisse des kommenden Monates am 10. des laufenden bei der Armee gedeckt waren. Das Generalcommando hatte die Gelder zu vertheilen und zu verrechnen, und die Ausweise nach den Rubriken der Bedürfnisse dem Hofkriegsrath vorzulegen, so dass die Verwendung der Gelder evident wurde.

Bei der Hauptarmee befand sich die Operationscasse und die Feldbuchhalterei, bei den detachirten Armeecorps ein untergeordnetes Casse- und Buchhaltungs-Filiale, welche im Verkehr mit den Hauptarmee-Stellen zu gebaren hatten.

Von beiden mussten monatliche Voranschläge verfasst werden, welche zur Grundlage der Gelddispositionen für den gewöhnlichen Bedarf dienten.

Neben diesen monatlichen Voranschlägen hatte die Feld-Buchhalterei am Abschlusse jedes Monats über Einnahme und Ausgabe ein Summarium zu verfassen, welches dem ersteren gegenüber gehalten und damit verglichen, die Bilanz für die einzelnen Zweige ziehen liess.

Überstieg der Aufwand den Antrag, so war vom Ober-Kriegscommissariat und der Buchhalterei dem Armee-Generalcommando ein Ausweis vorzulegen, worin die Ursachen des Mehrbedarfes erklärt wurden, um für den nächsten Monat das Bedürfniss von den Finanzen sicher zu stellen.

Sind die Theile der Armee weit von einander in verschiedenen Ländern dislocirt, so dass die Oberleitung des Geldwesens von der Hauptarmee unmöglich oder erschwert wird, so hat das bei der zweiten Armee befindliche Kriegscommissariat und Buchhalterei die oben genannten Monatausweise selbst zu verfassen und nicht an die Hauptarmee, sondern direct nach Wien einzuschicken, der letzteren aber in Duplicaten die Mittheilung zu machen.

War der Krieg beendet, so traten natürlich die Hauptverrechnungen über den Gesammtaufwand ein, und die Gelderfordernisse reducirten sich wieder auf den oben beschriebenen natürlichen Gang.

BEILAGEN.

I.

Christoph Khevenhüller und Georg Paradeiser zeigen dem Kaiser an, dass Jakob von Mallentein unfähig sei, die Stelle eines Kriegsrathes zu übernehmen; sie empfehlen ihm den Kaspar von Mallentein und bitten um Vollmacht zur Unterhandlung.

Allerdurchleuchtigister Grosmechtigister Kunig. Allergenedigister Herr. Eur Romisch. Khüniglichen Majestet sein unnser Allerunndterthenigiste dienst, in dücmüetigisster unnd schuldiger gehorsam berait. Allergenedigister Kunig unnd Herr. Alls Eur Römisch Khünigliche Majestet Unns auferlegt unnd bevolhen, mit Jacoben von Mallenthein, oder Seifriden von Dietrichstain, zehanndlen, das sich Ir ainer unndter disen zwaien ein Kriegssrath zu sein einlassen solle. darauf haben wir zur laisstung schuldiger gehorsam, erstlich mit Jacoben von Mallenthein auf über geanntworte Künigliche Credennz gehanndelt, unnd sovil bei Ine befunden, das Er aus Eehafften seines leibs unnd andern Ursachen den diennst nicht annemen, Unnd im vaall er das thät, nicht zuewarten möchte. Wie wir dann sein entscbuldigung fur begrundet, warhafftig, unnd genuegsam wissen, Auf welliches wir Allerunndterthenigister unnd getreuer wollmainung der sachen etwas weiter nachgedacht, unnd befinden, das ain Edlman in disem lanndt, mit Namen Casper von Mallenthein, ain Mann seines Alters zwischen funffzig unnd sechzig Jaren, aber an seinem leib unnd gsundt, beruerig unnd zu aller arbait, unnd Raisen starkh und frisch genueg. Wellicher auch die zeit seines lebens biss auf dass Er sich beheurat Khriegshanndlungen nachgezogen unnd geüebt, auch in Wälhischen lannden Khriegs Ämbter gehabt, etliche vilb Zug, unndter weillendt Herrn Hannsen Katzianer zu Ross in Crabaten gethann. Unnd ist seines thuen unnd weesens sovil Khriegshanndlungen beruert, für ainen Riterlichen Mann beruembt. unnd erkhandt etc. Das Zaigen Eur Römisch Khüniglichen Majestet wir onne sein wissen, undterthenigister getreuer Wolmainung darumben an. Ob Eur Römisch Khüniglichen Majestet auss obangezaigten Ursachen. Allergenedigist unnd gefellig sein wollt, mit Ime Caspern von

Mallenthein, vor dem von Dietrichstain zuhanndlen. Im Vaall desselben würde Eur Römisch Khünigliche Majestet Unns ain Credencz an Ime lautundt zueschickhen. Wolten Wir alssdann auss denselben mit Ime hanndlen, enntzwischen haben Wir mit dem von Dietrichstain zuhanndlen undterlassen, biss wir hier Innen von Eur Römisch Khüniglichen Majestet genedigisten beschaid unnd antwort haben mügen. Das wierdet sich Eur Römisch Khünigliche Majestet Allergenedigist entschliessen. Unnd Unns desselben beschaid geben, darauf wir mit verer hanndlung undterthenigist warten. unnd nachdem die Partheien mit denn wir hanndlen zu stündan fragen unnd ain wissen begeren, was ungeverlich Ir diennst sein werde, wäre nit unnd vndiennstlich. Ob wir ein beileufig wissen haben möchten, was ungeverlich Ir diennst. Ob sy mit Russtung zu Velld, allain zu hoff oder zu Wienn sein muessen. Das haben Eur Römisch Khüniglichen Majestet wir als obsteet, unndterthenigister getreuer Mainung zuschreiben unnd anzuzaigen nicht undterlassen wellen. Unnd thuen Euer Römisch Khüniglichen Majestet Unns als die diener düemüetigister gehorsam bevelhen. Datum Villach den 17. tag Januarj 1556 Jar. Eur Römisch Khüniglichen Majestet

Undterthenigiste Diener
Cristoff Kevenhüller m/p.
Geörg Paradeiser m/p.

Von Aussen:
Der Römischen zu Hungern und Behamb etc. Khüniglichen Majestet etc. Ertzherzogen zu Ossterreich etc. unnserm allergenedigistem Herrn.

Am Rande:
Lanndtshaubtman in kharnnten zaigt an Casparn von Malladein für ain Khriegs Rath zue Wienn.
17 Januarij Ao. 56.
Verantwurt Wien den 9 Febr. 56.
Orig. Pap. mit zwei aufgedrückten Siegeln. Latour.

II.

Antwort K. Ferdinand's auf das vorige Schreiben.

Wien 9. Febr. 1556.

Mit Casparn von Malenthein zehandlung per annembung des Khriegsrhats dienst

Ferdinand etc.

Wir haben eur schreiben vom XVII. Januarij jungstuerschinen, empfangen vnd vernomen, nemben auch die darinn firgewendte vrsachen, derowögen Jacob von Malenthein etc. zu vnderfahung vnd verrichtung vnsers Kriegssrhatsdienst vnuermuglich; Ier auch mit Seyfriden von Dietrichstain etc. derhalben ichtes zehandlen, biss auf vernern vnsern bschaidt eingestölt habt, fur gnuegsamb gnädigklich ane vnd ier habt daran gannez recht gethan. dieweil ier vnss aber Casparn von Malenthein wolmugenhait vnd Khriegserfarnhait dermassen berhuemet, den auch zu aim Khriegssrhat geschickht vnd tauglich zesein achtet, so begeren wier hiemit gnädigklich Beuelhend, das Ier von vnserentwegen mit demselben alles vleiss handlet vnd Ine dahin bewöget, das er sich in sollichen Khriegsrhat dienstgehorsamblich guetwillig begöhe auch jn betrachtung, das vnss daran vil gelegen ist, sich mit ehistem hieher an vnsern khonigklichen hoff verfiege, vnd merers bescheidts von vnss erwarte.

Vnd damit ier mit Ime dest statlicher handlen möget, so vberschickhen wier euch hiemit vnsern khöniglichen Credennezbrieff, den Ier Ime zeuberantwurten, vnd darauf vnser notturft nach mit Ime zehandlen werdet wissen, daran volnbringt ier vnsern gnädigen willen vnd mainung. Geben Wien den 9. Februarj Anno etc. 56.

An Christoff Kheuenhiler etc. vnd Georgen Paradeiser.

Orig. Concept. Latour.

III.

Credenz an H. Casparn von Malenthein etc.

9. Februar 1556.

Ferdinand etc.

Wier haben Christoffen Kheuenhüler etc. vnd Georgen Paradeiser etc. gnädigst aufferlögt vnd beuolhen, von vnserntwögen sachen halben mit dier zehandlen, wie du von Inen vernemen wierdest. Gnadigklich begerend vnd Beuelchend, das du solliche sachen vnd werbung von Inen vernemest, auch volkhumen glauben göbest, vnd dich darüber guetwillig vnd wilfarig erczaigest vnd verhaltest, daran volnbringst du vnsern gfölligen gnädigen willen vnd mainung, in gnaden gegen dier zuerkhennen vnd zubedenkhen etc. Geben Wienn den VIIII Februarj Anno etc. im lvi.

An Casparn von Malenthein.

Orig. Concept. Latour.

IV.

Christoph Khevenhüller und Georg Paradeiser an den K. Ferdinand über ihre Verhandlungen in Betreff der Kriegsräthe.

Allerdurchleuchtigister Grossmechtigister Kunig. Allergnedigister Herr. Eurer Ro. Ku. Majestet sein unnser allerunnderthenigiste dienst. In diemuttigister gehorsame zuvor. unnd haben derselben schreiben an dj Commissarj zum Lanndtag unnd unns aussgangen betreffendt das wir mit Martin Mager oder Christoffen Mardax Kriegs Räth dienst halben hanndln sollen, mit geburunder Reverenz emphanngen. seines Innhalts verstannden. Unnd wären zuuolcziehung schuldiger gehorsame unnderthenigist willig. mit obbemelten Personen. Innhalt Eurer Ro. Ku. Maj. Bevelchs zu hanndlen. Aber wir berichten Eurer Ro. Ku. Maj. hiemit unnderthenigist das khainer auss diser obgenanntten. Im Lanndt. Martin Mager Ist Im Kayserlichen dienst In Niderlanndt. Mardachs auch im Khayserlichen dienst In Neapolis, allso dass wir mit diser kainer nichts hanndlen mugen. Gleichwol haben sich Ire elltern unnd freundschafften angebotten. Inen beeden Eurer Ro. Ku. Majest. etc. gnedigist begern zuezeschreiben unnd versehen sich, so sy Ewer Ro. Ku. Mt. gnedigist begern. Erinndert vnnd bericht. Sy werden sich Eurer Ro. Ku. Majest. etc. als Iren erbherren Kunig unnd Lanndsfursten. zu erezaygung schuldige gehorsamb, unnd dem Vatterlanndt zu guet zedienen. nicht aufhallten lassen. Sonnder herauss in die diennst begeben. Wie baldt aber solchs bescheen mag. khunnen sy noch wir nit wissen.

Unnd dieweil dise Zwen. als Obensteet, nit zu Lanndt. dass wir mit Inen. vermug Eurer Ro. Ku. Majest. Bevelchs hanndlen mugen, haben wir mit etlichen Herren verordenten dises lanndts geratschlagt, welcher auss disem Lanndt zu solchem dienst weitter furgeschlagen werden möcht. haben sy noch wir über die damit hievor gehanndelt. als Jacoben von Mallentein unnd Seyfriden von Dietrichstain, auch obenbenannten zwen khainen finden khünnen. Unnd do wir nicht annders wissen. dann mit Casparn von Mallentein seie. an Eurer Ro. Ku. Majest. Hof Kriegs Rath diensts halben beschlossen. haben wir unnderthenigist bedacht. es wurde villeicht ferrer Handlung mit anndern zethuen. unnoth sein. das werden Eurer Ro. Ku. Majest. am bessten wissen. das haben Eurer Ro. Ku. Majest. wir zu ainem gnedigistem wissen. unnderthenigister Maynung. nicht verhalten wellen. der wir unns In demuttigister gehorsamb Bevelhen thuen. Datum Villach am 15 Aprilis Anno 1556.

       Eurer Ro. Ku. Majest.
           undterthenigiste diener
           Christoff Kevenhuller,
           Georg Paradeyser.

Gleichzeitige Abschrift. Papier.

V.

K. Ferdinand's Verordnung wegen Etablirung des Kriegsrathes.

8. Mai 1556.

Wir Ferdinand von Gottes genaden Romischer zu hungern vnd behaim etc. Kunig Infannt in hispanien, Ertzhertzog zu Österreich, hertzog zu burgundj,

Steyr, Karndten, Crain vnnd Wiertemberg, Graue zu Tirol etc Enibieten dem durchleuchtigisten Fürsten, vnserm freundtlichen lieben Sune, herrn Maximilian, Kunig zu behaim, Ertzhertzogen zu Österreich, hertzogen zu burgundien in Schlesien etc. Grauen zu Tirol, vnnser vätterliche Lieb vnnd alles guetts. Durchleuchtigister fürst freundtlicher lieber Sun, Wier haben Eurer lieb schreiben, vom Anndern Tag ditz Monats, sambt dem bericht, so vnnser Rat vnnd Lanndtssuerweser vnsers furstenthumbs Steyr vnnd lieber getrewer Görg Freyherr zu herberstain, Neidtperg vnnd gueten hag etc. doss Sigmunden Gällers, Georgen Stadlers vnd Franzen von Teuffenbach, deren auss bemeltem vnnserm fürstenthumb Steyr begerten Kriegss Rüt halber, Eurer Lieb gehorsamlich gethan hatt, vätterlich vnnd gnedigclich empfangen, vnnd seines Inhalts vernuemen, das aber yetzernennte vnnsere Landtleutt, alls die in vnnserm Fürstenthumb Steyr, zu Kriegss Rüten für geschickht erfarn, vnnd tauglich angeschen, vnnd derwegen darzue furgenumen vnnd eruordert worden sind, sich gebrauchen zu lassen waigern, dann auch von den anndern vnnsern Lannden, Noch khainer der sich hierinn gebrauchen lassen wollte, eurer Lieb anzaigt worden ist, das haben wir vmb souil meer Jetzo dieweil sich die Leuffe ye lennger ye sorglicher vnnd beschwärlicher erzaigen, nit gern gehört. Dieweil dann je die vnuermeidlich notturfft eruordert, das ain Kriegss Rat zum fürderlichesten verordnet vnnd auffgericht werde, vnnd doch die obbenennten sich darein nit begeben wellen, So gesinnen wir an Eur Lieb, vätterlich freundtlich vnnd gnedigclich begerendt, dieselb wölle mittler weill biss zu vnnser vermittels göttlicher gnaden, glückhlicher hinauss ankhunfft auf anndere tauglicheˑPersonen damit sollicher Kriegss Rüt, stettlich und notturftigclich zuersötzen sein werde gedacht sein, Inmassen auch wir denselben alles Vleiss nachgedennckhen vnnd Sy hierzu zubewegen, nichts dienstlichs vnnderlassen wöllen, vnnd auff den vhal, das sich vnnsere Lanndtleuth ye nit gebrauchen lassen wöllen So sein wir dess vätterlichen vnnd gnedigen Vorhabens, sollichen Kriegss Rat mit anndern tauglichen Personen darauff dann Eur lieb mittlerweil biss wir schierist hinauss ankhummen auch gedacht sein wöllen, zuersetzen, daran beweisst vnns Eur lieb ain Sönlichs freundtlichs vnnd annemblichs wolgefallen, vnnd wir wollen sollichs derselben deren wir sonnst mit vätterlichen hulden, freundtschafft vnnd gnaden wolgenaigt seind, auff obberüert Ir Schreiben, zu vätterlicher, freundtlicher vnnd gnediger Anntwort nit verhallten. Geben auff vnserm Kuniglichen Schloss Prag den Achten Tag May Anno etc. im Sechssvnndfunffezigisten, vnnserer Reiche dess Römischen im Sechss vnnd zwainczigisten vnnd der Anndern im dreissigisten.

Ferdinand m/p.

J. Jonas D.
Vicecantzler.

ad mandatum domini
Regis proprium

H. Fieringer m/p.

Dem durchleuchtigisten fursten, herrn Maximilian Khunig zu behaim, Ertzh. zu Osterreich, herzogen zu burgundien, in Schlesien etc. Markgrafen zu Marhern vnd Lausnitz etc. Grauen zu Tirol etc. vnserm freundtlichen lieben Sone.
 Wienn.

Orig. Pap. aufged. Siegel (im Besitze d. H. v. Latour).

VI.

K. Ferdinand an die n. ö. Regierung, die Leitung des Kriegswesens betreffend.

9. Mai 1556.

Ferdinand etc.

Wir haben eur schreiben an dato haltendt den andern tag Jetzigs monats dessen eingang ist, das Ir vnnser gnedigste antwort, Inligender abschrifft, deren Ir aber kheine mitgeschicklht habt, wollicher datum Stee den 10 dits monats, so vnnsers gnedigen erachtens auf den April verstanden werden solle, allererst den funfvndzwainczigisten desselben in vnderthenigisten gehorsamb empfangen habt, mit gnaden verstanden vnd aber nit gern gehört, das mit vberschückhung beruerter vnser antwort sollicher vnfleiss gepraucht worden ist. das Ir euch dann auf vnser gnedigs begeren, fürgenumen habt, hinfüro täglichen vmb Sechs vhr in Rhat zegeen, vnd Also wochenlich drey stundt meer dan bissher beschehen ist, zusitzen, vnd nunmer biss auf vnser vernere gnedigste verordnung schon wurkhlich angefangen habt, damit souil dest fürderlicher die alten vberhauften Appellationen erledigt werden mögen, das nemen wir von euch zu sonderm gnedigen wolgefallen ane, vnd wöllen auch hinfüro als offt wir, in massen bissher vilmals beschehen, von wegen verordnung das Appellationen ausser der ordnung fürgenumen werden sollten, ersuecht vnd gepöten werden eures vnderthänigen Bittens gnedigklich eingedenkh sein, vnd yeder zeit nach glegenhait der sachen vnd personen die Billichait verordnen vnd eur souil sein wirdet wo möglich gnedigklich gern verschonen.

Als Ir vnss auch verner gehorsamblich bitten thuet, das **wir euch auch mit den Khriegssachen nit beladen, sondern dieselben durch ainen erfarnen vnd verstendigen Khriegsrhat zuhandlen gnedigklich verordnen** wollten, damit also die Appellationen vnd Parthey auch zuuordrist vnser aigne sachen, wölliche sich dann auch nit wenig gehaufft hetten, etwas schleiniger erlediget vnd expediert werden möchten, darauf wöllen wir euch gnediger mainung nit pergen das wir gleichwol nunmer ain guete Zeit in embsiger übung steen, bey iecziger sorglichen vnd beschwärlichen leuffen vnss vnd vnsern Landen vnd leuthen zu guetem auch zu dest vleissiger vnd schleiniger verrichtung vnsers Khriegswesens, ainen wolerfarnen vnd verständigen Khriegsrhat anczcrichten vnd zuuerordnen, wie dann hieuor auss vnseren Landen hierczu tauglichen personen erkhiest vnd eruordert worden seind vnd hetten nichts liebers gesehen dan das sollicher Khriegsrhat vnserm begern vnd notturfft nach het angericht mögen werden, das also an allem dem was zu erlangung vnd erseczung desselben Immer dienstlich gwösen vnsers lails nichts vnderlassen pliben ist. So ist es doch bissher wider allen vnsern willen (allain an dem erwunden, das sich) die Jhenigen, so für tauglich vnd erfarn darczu erkhiest vnd eruordert worden seind, nit prauchen lallen wöllen. Wir seind aber nochmaln des gnedigen gmiets vnd vorhabens das wir an aufrichtung aines sollichen khriegsrhats khainen vleiss nit sparen wöllen, vnd wann wir denselben vnserm g. begern vnd hoher notturfft nach erlangt vnd ersezt haben, So wöllen wir euch der khriegssachen auch gnedigklich gern erlassen, damit Ir alsdan die Appellation vnd Parthey dan auch vnsere aigne sachen dest schleiniger handlen vnd expediren mögt.

Das ir dan beschliesslich die anderen in obberuerter vnser antwort begrifne Articl, auch souil muglich mit dem ehisten in das werch pringen wöllet, das lassen wir vnss gnedigklich wolgefallen, vnd ir thuet daran vnsern gnedigen wolgefelligen willen vnd mainung das wolten wir euch auf obberuert eur schreiben zu gnediger antwort nit verhalten.

Geben etc. Prag den 9. Maij Anno etc. 56.

An die N. O. Regirung etc.

Orig. Concept. Latour.

VII.

Khevenhüller und Paradeiser schlagen dem K. Ferdinand den Christoph Mordax zum Kriegsrath vor.

Allerdurchleuchtigister Grossmechtigister Khunig etc. Allergnedigister Herr. Euer Römisch Khüniglicher Majestet sein unnser allerundterthenigiste dienst in demuetigister und schuldig gehorsamb beraitt allergenedigister Khunig. alls Ewer Römisch Khünigliche Majestet unnss vom Neuntem Apprillis aus wienn zu andtwort aines zuvor ausgangens unnsers schreibens gennedigist geanndtwort. Nachdem wir mit Cristoffen Mordax und Martin Mager Irer Abwesenhait halbenn daczemollen den Khriegsratdienst anczenemen nicht handlen mügen das wir auf vorig Euer Majestet desshalbenn aussgangen Bevelch mit ainer andern Teuglichen Unnd Khriegsverstandigen Person zum forderlichisten hanndlen vnnd Vleiss fürwenden, dieselb Person in Euer Römisch Khüniglichen Majestet Obangeezegten diennst zu bewegen Unnd mit dem Allereillendisten an Euer Khüniglichen Majestet Hoff zu befürdern sollenn, daselbst Euer Römisch Khünigliche Majestet der Unndterhaltung halbenn mit Ime hanndlen lassenn und Ime sonnst auch in gennedigisten bevelch haben wellen. Darauf füegen Euer Römisch Khüniglichen Majestet wir unndterthenigist zu vernemen, das wir zu laisstung schuldiger gehorsamb mer alls ainmall mit den Herrn Verordennten dis Lanndts auch Euer Römisch Khüniglichen Majestet Landt Rättenn. und sunst mit Etlichen Herrn unnd Lanndtleuten davon geratschlagt mit welichen wir dises Lanndts uber das hievor Beschechene. die sich aber nicht Einlassen wellen, hanndlen möchten. Wir haben aber bey allen Unnserm Nachdennkhen, und suechen khainen finden khünen. der wie Euer Römisch Khünigliche Majestet schreiben Taugendlich und Khriegsverstandig war, unnd sich bewegen liess. Erforschen oder befinden khunen. Endtzwischen sich zuegetragenn. das man vergebenlich gesaget. das die Khayserliche Majestet Ir Kriegsfolkh in Ittallia abziechen lassen wollt. Derwegen dem Haubtman Cristoff Mordaxen auf unnser underhandlung durch seinen Vatter und freundt durch aigen Potten geschriben worden, sich verrer in Khainen diennst zu bewegen sonnder herauss zukhummen. Welches er auf seines vatter auch seiner freundtschafft schrifftlich begern gethon, unnd alls er vor wenig tagenn Hieher ankhomen, Haben wir mit Ime auf Euer Römisch Khüniglichen Majestet Bevelch und bechannden habenden Credennz zuhandlen angefanngen. Also hat er unns ungeverlich dise Anndtwort geben, Wiewol er zuvor seines verrukhen aus Ittallia Ansechendliche fürschleg unnd anbieten gehabt, habe er doch auf seines Vattern und ainer gannzen freundthschafft Ernstlich schreibenn. ain Raiss heraus zu thuen nit Erlassen wollen, mit dem Unndterthenigisten vermelden. unnd anbieten das Euer Römisch Khüniglichen Majestet alls seinem geliebten Khünig Erbherrn und Lanndtsfürsten auch dem Vatterlanndt vill begierlich unnd lieber alls khainem Andern Herrn diennen welle etc. Unnd dieweill wir nun unndterthenigister getreuer und schuldiger wolmainung Erwegen und bedacht, Nachdem diser Cristoff Mordax an Euer Römisch Khüniglichen Majestet hof, von Jugent auf erzogen, bey Herr Lienhardten von Velss. Seinem gar Nachendten Vettern sülligen zugedennkhen alls ain Junger in den Unngrischen Khriegsbanndlungen vill braucht Nachvolgents ain Khriegs unnd Bevelchsman. In unnd vor der Belegerung Stuelweissemburg ain guette Zeit unnd piss vom Turkhen mit Gwallt Erobert worden ain fendrich unnd alssdan in Sibenwurgen, die verganngen jar. ain Haubtman gewest Nachvolgendts in Khayserlicher Majestet diennst alls ain Haubtman Gerattenn. darinnen er sich biss anher (wie wir bericht) Ritterlich unnd woll gehalltenn, unnd er ainer Ansechendlichen freundtschafft vom Adl dises Lanndts unnd Euer Römisch Khüniglicher Majestet Erb Unndthann auch alls wir Versteen nit unmassiges gebrauchs. Sundern ain vernunfftiger gleiches alters man ist. Demnach auf Euer Römisch Khüniglichen Majestet gennedigisten Bevelch dohin mit Ime gehanndlt unnd beschlossenn. das er sich hiemit zu Euer Römisch Khüniglichen Majestet verfüegt. unnd derselben alls unnderthenigister diener unnd Lanndtman, Erzaigt unnd stellt. Auf soliches wissen Euer Römisch Khünigliche Majestet Nun vernem mit lme Allergenedigist unnd woll zu hanndlen lassen Unnd thuen Euer Römisch Khünigliche Majestet bemellten Haubtman Mordax unnd unns in diemnüetigister unnd schuldig gehorsamb unndterthenigistes vleiss bevelchenn. Datum Villach denn 11 tag May des 1556 Jars.

Euer Römisch Khüniglichen Majestet

Unndterthenigiste Diener

Cristoff Khevenhüller m/p.
Geörg Paradeiser m/p.

Von Aussen:

Der Römischen zu Hungern und Behaim etc. Khüniglichen Majestet etc. Ertzherzogen zu Ossterreich etc. Unserm Allergnedigisten Herrn.

Orig. Pap. mit zwei aufgedrückten Siegeln von Latour.

Note zu 11. Mai 1556.

13. May 1556.

Ein Schreiben gleichen Inhaltes und mit denselben Unterschriften wie das vom 11. May 1556 von Landeshauptmann von Kärnthen Christoph Khevelhüller und Georg Paradeiser an den Kaiser, als Crendenzschreiber für Christof Mordax d.d. Villach den 13. May 1556.

Orig. Pap. mit zwei aufgedrückten Siegeln von Latour.

VIII.

Bericht Georg's von Wildenstain an den K. Ferdinand.

Allerdurchleuchtigister Grossmechtigister Romischer zu Hungern unnd Behem Khünig allergenedigister Herr. Euer Römisch Khünigliche Majestet sein mein uunderthenigist schuldig und pflichtig dienst in aller gehorsamb zuvoran berait. — Unnd thue nur Römisch Khünigliche Majestet etc. unnderthenigist ersundern, das Ich derselben schreiben von dato den 23ten diez wesenden monats May mit gebürlicher Reverenz empfangen, unnd alles Innhalts gehorsambist vernomen hab, auch die schreiben an Herrn Hannsen Lenkhowitsch, und die verordneten in Steyr lauttendt, alsbald unverzogenlich zugeschickht, und wil also in sachen, die Haramia betreffendt, so gen Zygeth geschickht werden solten, auf nur Römisch Khünigliche Majestet bevelch Jene Herrn Obersten als vil mir muglich, hülfflich unnd Ratsam erscheinen, wie Ich dann laut meines vorigen schreibens, noch mit disen neuen und alten Haramia in embsiger stätter handlung sten, damit dieselben dahin bewegt werden möchten.

Unnd wiewol Ich auch nur Römisch Khünigliche Majestet des Khriegsratsambt halber genedigiste erforderung mich im Fuestapffen, und vor lennger verzug den negsten hinaus zu nur Khüniglichen Majestet gehorsamist verfüegt hette, dieweil aber herr Hanns Lenkhowicz yeziger Öberster mit mir noch vor unnserm verruckhen zu Cilli gehanndlt, das Ich in abwesen seiner, als nemblich bis auf den 10. khunfftiges monats Junj das Khriegswesen an disen gräniczen mitlerweilen versehen sollte, unnd Ich Jene solches zu Freundtschafft und gefallen nit wol waigern noch abschlagen mügen.

Unnd sodann obgedachter Herr Hanns Lenkhowitsch noch dieser Zeit in sein ambt der Obersten Veldthaubtmanschafft nit angestannden, und doch auf Vermeldten 10. tag Junj seinem verlassen nach, alhin erscheinen solt, Auch die Bezallung (bey welcher Ich viles berichts wegen sein muess) alstundt hieher gewarttendt sein, derhalben wurde es mir (wie nur Römisch Khünigliche Majestet selbst allergenedigist zu erwegen haben) nit gebürn, das Ich vor seiner ankhonnfft (auch in bedacht das yeczt niemands an den gräniczen ist, dann Ich sambt nur Römisch Khüniglichen Majestet Khriegssecretarj Veiten Gailel allain) vonhinnen verruckhen, unnd die gräniczen alstoplosser verlassen sölte, wo aber bemelter Herr Öberster Inmassen Ich Jene nun zum zwaitenmalle geschriben, sich etwas zeitlichers herab befürdern wurde, unnd Ich sonnsten wie Ich dann all müglichisten vleis fürwennden wil, abkhumen wierd mügen, wolte Ich mich alsdann auf nur Römisch Khünigliche Majestet bevelch unverzogenlich hinaus gehorsamist befürdern, unnd hier Innen weitter nichts Ierren noch hindern lassen, Und so Ich dann über meinen willen, aus obangezaigten beweglichen ursachen, von hie nit wol abkhumen, unnd nur Khüniglichen Majestet vor derselben glugfäligen aufpruch eraichen khünde, unnd dennocht nur Römisch Khüniglichen Majestet bevelch wäre, das Ich mich ain weg als den anndern hinaus gen Wienn stellen sollte. Bin ich urpittig demselben auch unnderthenigist nach gekhomen, unnd doch hierauf vernneer nur Khünigliche Majestet bevelch derhalben gehorsamist gewarttend sein, welches Ich nur Römisch Khüniglicher Majestet zu meiner warhafftigen entschuldigung, unnd das solches aussenbleiben an mir nit erwindt, Aus derselben bevelch zu anntwort gehorsamist nit sollen verhalten, unnd thun mich daneben als meinem allergenedigisten Herrn diemuettigist bevelhen. Datum Varas die den 29. tag May Anno im 1556.

Eur Römisch Khünigliche Majestet.

Unnderthenigister
gehorsamer

Jöry von Vildenstain m. p.

Post scripta. Allergenedigister Khunig unnd Herr. Nachdem Eur Römisch Khünigliche Majestet hievor genedigist vernomen haben das Ich diese Jungst verganngen tag ain Raise ze thuen bewilliget, So khan aber daneben eur Khüniglichen Majestet gehorsamist auch nit verhalten, dass sich ains thails der haramia zu St. Geörgen one mein erlaubnuss unnd vorwissen (wer sy aber sonnsten auf die Raisen abgeferttigt hat, lasse Ich berhueen) aus demselben gränicz fleckhen gelassen unnd fur sich selbst ain raiss fürgenomen, derselben nun als Ich glaubwirdig bericht wierd bey 34. unnd nit mer erlegt und gefanngen worden sein, dann wo sy wie obvermeldt mit guetter ordnung, und mit meinem vorwissen aussgezogen, wäre es zu dem nit khumen, Sonnder hetten Inmassen als die anndern so Ich abgeferttigt, eher unnd guet erlangt haben, das zaig eur Römisch Khüniglichen Majestet in unndcrthenigister gehorsam derhalben an, damit dieselb, wo hiewider zu gegen ain annders weder es an Ime selbst ist unnd mir eur Khünigliche Majestet genedigisten gueten glauben geben mag, furkheme, In sachen ain rechten bericht empfiengen. Datum ut in literis.

Von Aussen:

Der Römischen zu Hungern unnd Behem etc. Khüniglichen Majestet etc. meinem allergenedigisten Herrn.

Cito
Cito Wienn.
Cito

Orig. Papier, mit aufgedrücktem Siegel. v. Latour.

IX.

Hoff Kriegs Rath Instruction

vom 17. November 1556.

Ferdinandt von Gottes gnaden Römischer zu Hungern vnd Böheimb etc. Konig.

Instruction Auff den Edlen vnd vnnsere liebe getreue Georgen Freyherrn zu Thanhausen, Ehrnreichen von Khungesperg, Georgen von Wildenstain, Gebhardten Welczer, vnd Sigmunden Böller alss vnnsere verordnete Khriegs Räth wass sy nachuolgunder gestaldt handlen verrichten dirigirn vnnd ins werckh bringen sollen.

Erstlich nach dem wür, auss hochbeweglichen billichen vnd hochnottwendigen Vrsachen, nun hinfüro ainen stetten Khriegsrath an vnnserm Königl. Hoff zuhalten genedigist entschlossen sein, vnd wür dan sy die obuermelten in ansehuug Ihrer Erbarkhaidt schückhlichkhaidt vnd Kriegserfahrenhaidt, fürnemblich auch auss den sonndern gnedigen Vertrauen, so wür in sy stöllen, zu vnnsern

(Firnhaber.)

Khriegsräthen fürgenuhmenn, vnd damit sy sich in allen fürfallunden vnnd notturfftigen sachen, desto bass darnach zurichten vnd zuhalten wissen,

Sollen sy Ersllich Ir aufsehen nach vnnss auf vnsere Königliche Söhne, jederczeit gehorsamblich halten vnd haben.

Fürs ander solle vnser Rath Ehrnreich von Khungesberg die vmbfrage in Khriegs Rath halten, auch alles das was bey vnss anzubringen sein würdet vor vnser referirn.

Sy vnnsere Khriegsräth sollen auch alle Tage Ess seyen sonderbare geschäfft vorhanden oder nicht, täglich zu ordenlicher Stundt an dem orth, so in an jedem Ortt vnserer Königlichen Hoffhaltung, welches sich allein auf hie oder in der nahendt hierumb verstehen solle, aussgezaigt würdet, Nemblich zu Sommer Zeitten morgens vmb Sechs Vhr vnd winders Zeitten vmb Siben vhr täglich zusamben khumben, vnd vngefehrlich biss auf zehen Vhr bey einander bleiben, vnd von wegen vnnsers Khriegswösens im veldt, vnd der Befestigungen allenthalben, Ess sey mit Profiandt, Geschütz, Munition, Geheue, beczallung sambt andern Articln solchem Khriegswösen anhengig, wie vnd wölcher gestaldt solches versorgt vnd wie die Mangl gebessert, vnnd erstatt werden mügen, berathschlagen, vnd solchem allem Höchstes Ihres verstandts vnd vermügen nachdenckhen, damit dieselben sachen desto leichter angericht vnd geordnet werden mügen, doch sollen in solchem die Feyertäg auss genuhmen seyn, wo aber genöttige sachen fürfielen, die khain Zeitt oder bitt erleiden mügen, sollen sy nit allain zuuorbemelter Zeit vnd Stundt vor Essen sonder auch nachmittag so lang vnd offt es vonnötten ist beyeinander erscheinen vnd bleiben auch die sachen höchstes Vleiss handlen vnd verrichten.

Verrer sollen sy auch die Schreiben vnd handlungen so wür Ihnen jedessmals in vnnsern Khriegs Rath ordnen oder wass wür Inen sonnsten beuelchen werden, fürderlichen berathschlagen vnd vnss mit Erster gelegenhaidt referirn, vnd darüber vnnser genedigisten resolution vnd beschluss nach die sachen inns werckh richten, vnd beschaidt geben auff dass alle sachen vnnserer Resolution vnd Ihrer Khriegsordnung nach volzogen werde.

Wass aussgaben betrifft wan sich dieselben also der notturfft nach zuetragen vnd fürfallen werden, sollen vnnser Kriegsräth macht vnnd gewaldt haben auff hundert vnd biss in anderthalb hundert gulden Zetl in vnnser Kriegs Zallmaister Ambt zu ferttigen was aber mehrer oder höhere Summa antreffen wurde, die sollen sy biss auf vnnser ferer verordnung der Hoff Camer antzaigen, die werden solches bey vnnss verer erledigen vnnd dieselben nach gelegenhaidt verordnen.

Damit dan sy vnnser Khriegsräth in allen sachen, sonnderlich jeczo im anfanng desto bessere bericht empfangen vnd waz die mehrern aussgaben belanget ohne sonnder Ir bemühung bey vnnser Hoff Camer anbracht vnd richtig gemacht werden, wellen wür Ihnen ainen auss vnnsern Hoff Camer Räthen zueordnen, welcher bey Ihnen so offt es vonnötten im Rath erscheinen vnd Ihnen guetten bericht geben auch was vonnötten bey der Hoff Camer anbringen vnd fürdern solle.

Mehrgemelte vnnsere Kriegs Räth sollen auch hinfüro die bestellungen vnd Vrlaubungen, auch anordnungen der Musterungen alles Khriegsvolckhs vor vnnser fürbringen hanndlen vnd expedirn.

Sy sollen auch Ir aufsehen auf vnnser Arsional alhie Schüff Pruggen vnd auf all Armada sachen haben, daz sie ordenlich gehaltten werden.

Vnnd wiewoll wür ainen Obrissten Zeugmaister hanssen von Disskha in vnnsern Nider Österreichischen Landten bestöldt vnd verorndt, so erfordert doch vnnser notturfft vnd ist vnnser beuelch das bestimbte vnnsere Khriegs Räth auf all vnser Zeugheuser mit was vorreth dieselben Jederczeit gestaffiert, Ir aufmerkhen haben, sonnderlich aber in vnnsere besaeczungen, Grünitz Slötten flöckhen vnd Heusern an genuegsamber Munition auf fürfallendte nott, nit mangl erscheine, was darin verhanden erkhundigen, was auch ann ainem ortt zu dem andern im fall der nott zuuerordnen, vnd wie sonst fürsehung beschehen solle, berathschlagen vnd vnss für bringen, damit wür solches in vollziehung zubringen zuuerschaffen wissen, daneben auch guette Fürsehung thuen, was für geschücz oder allerley munition vber all verhanden, vnd wass ferer überall hingeschückht würdet in guetter vleissiger huet vnd bewahrung gehalten werde, das duran weder durch vngewitter oder andern vnfleiss nit mangl entstehe.

Das nun in allen Zeugheusern verhanden vnd vnser hoff Camer auss Zug in handen haben mügen vnnser hoff Khriegs Räth von Ihnen erfordern vnd empfangen, sich darnach wissen zurichten, was aber vnser Hoff Camer Räth nit hetten sollen vnsere Khriegs Räth sonnderlich der eyseristen Ortt flekhen ein ordentliche bereittung durch teugliche Commissari fürnehmen vnd denselben ain Instruction verfassen, auch vnnss dieselb zuersehen fürbringen.

Vnd nach dem wür auch nit allain hie sondern andern vnnsern Königreichen vnd Landten vnd sonderlich bey vnnsern Ortt vnd Grünitz Heusern ansehenlich vnd nottwendige befestigungen vnd gebew zuuerrichten haben ist vnnser gnedigister will vnd mainung das vnser Khriegs Räth bey vnnserm darczue georndten Superindententen der gebew auch Paumaistern Jederczeit vleissige erkhundigung haben, vnd endtlich darob sein, damit solche gebew, vnd beuestigungen Stattlich vnd fürderlich verricht werden, was inen auch in solchen gebeuen vnd desselbigen anhengigen sachen zubeschwärlich fürfielle sollen sy solches an vnnss vmb gnedigisten beschaidt vnnd erledigung gelangen lassen,

Vnnd fürnehmblich nach dem an diser Statt vnd der ansehenlichen beuestigungen vnd gebeuen vnnss vnnsern Königreichen Landten vnnd getreuen vnterthanen am meisten gelegen daz sy darauff mit sonderm Ernnstlichen Vleiss Ir aufsehen haben, vnd allenthalben wie vnd wo es vonnötten, Embsig darob sein vnd halten, dass solche Khriegsgebew vnd beuestigung in allen Puncten nach dem solches berathschlagt vnd zuuolziehen fürs best angesehen worden aufs eheist gefürdert vnd volzogen werde.

Gleichfals sollen gedachte vnnsere Khriegsräth in allen Profiandt, vnd derselben anhengigen sachen ordnung beschaidt vnd den Profiandtmaistern beuelch geben, wie sy sich in bestellung vnd erkhauffung hin vnd wider ordnung der profiandt an die genöttigisten ortt verhalten sollen, vnd dass solches zu rechter Zeitt vnd weill beschehe, auch frisch vnd guett erkhaufft werde, vnd daneben Ir aufmerkhen haben auf daz in den Profiandt sachen ordenlich gehandlt in die cysseristen vnd besorglichen Orttfleckhen die notturfft Profianndt in vorrath georndt vnd also vnnser Khriegsvolckh in dennselben mit der Profiandt nit so hoch alss bisher beschehen beschwerdt werden aber dannocht auch die Königl. Mayt. daran nit mangl leid vnd alles anders so der Profiandt anhengig, verrichten vnd was Inen in solchem zu schwür fürfallen wurde, dass sy nit richtig machen möchten, vnns dasselb gehorsamblichen fürbringen, vnd vnnsers beschluss vnnd beschaidts erwartten, Nachmallen mit Ernnst darob sein, das solchem vnnserm beschluss nachgelebt vnd nachkhumben werde.

Zuuolcziehung dises alles wöllen wür vnnsern obrissten Zeugmaister verwalter des Arsionals vnd der Armada muster vnnd Profiandt, auch Pawmaister, die Superintendenten der gepew vnd andere Pawmaister alle so sich bey vnnsern beuesstigungen gebrauchen lassen, genedigist verkhünden, das in disen Handlungen sy verer bey vnnsern Khriegs Räthen in allen Ihren nottwendigen Handlungen vmb beschaidt anhalten auch erledigung bey Ihnen fünden werden.

Wan nun sich begeben würdet, daz in ainer oder der andern obuermelten sachen Commissari abzuferttigen vonnötten sein werden, sollen sy zuuerrichtung derselben teuglich Commissari mit nottwendigen Instructionen von vnns zu ferttigen, bey vnnss vermahnen, vnd nachmallen derselben Commissari relation Ihrer aussrichtung widerumben berathschlagen vnd alss dan vnss auf ferern vnnsern gnedigisten endtschluss gehorsamblich fürbringen.

So wöllen wür auch gedachten vnnsern Khriegs Räthen von mehrers berichts wegen, des Khriegsvolckhs ausstandts halben vnd wie anieczo das Khriegswösen mit der beczallung, besaczung, Profiandierung vnnd anndern allenthalben gestalt, ausszug vberantwortten vnd guetten bericht geben lassen.

Dem allem nach sollen vnnsere Khriegs Räth, sonst auch in allen sachen vnnsern gnedigisten vertrauen nach, vnnser, vnnserer Königreich, Landt vnd getreuen Vndterthanen, überall das beste bedenkhen, berathschlagen handln befördern vnd in allem dem, was Ihnen müglich ist, nichts ermangeln noch erwinden lassen, dass wöllen wür gegen Ihnen vnd Jeden insonderhaidt in gnaden bedenekhen vnd erkhennen Sy erczaigen auch an solchem allem vnsere ernstliche Mainung. Geben in vnnserer Statt Wienn den Sibenzehendten Tag Nouembris Anno im Sechs vnd Funffczigisten, Vnnseres Reiches des Römischen Sechs vnd Zwainzigisten vnd der anndern im Dreissigisten.

Orig. Copie.

X.

Verzaichnus der Articl so in des kunfftigen Kriegs Rats Instruction gestelt werden sollen.

Allerdurchleuchtigister Grosmechtigister Kunig Allergnedigister Herr. Eur Römisch K. M. etc. haben vnns, auf vnnser Zum dickhermal gehorsamistes anlanngen pit vnnd vermelden, das wir bey den vilfeltigen Kriegssachen, so nun etliche Jar her in der Hof Camer Expedition khumen, Eur Ro. Kun. Mt. etc. Hof Camersachen der notdurfft nach, vnnd one grosse verabsawmbung ordenlich nit handlen, oder die fur ainander bringen khündten, Jetzo Allergenedigisten mundlichen beuelch gegeben, Nachdem Eur Ro. Ku. Mt. etc. zu dirigirung vnnd verrichtung derselben Kriegs vnnd dess Kriegswesen anhenngigen sachen, ain ordenlichen Kriegs Rath halten wurden, So sollen wir ain verzaichnus der Articl, welche Eur Ro. Kun. Mt. etc. notdurfft vnnd vnnserm guetbedunkhen nach, In berurtes Kriegs Rats Innstruction zustellen wären, verfassen, vnnd solche Eur Ro. Kun. Mt. etc. fürbringen, dess wir dann, auf derselben allergenedigist wolgefallen vnnd verrern Endtschluss hiemit in vnderthanigkeit thuen. Vnnd dise dess Kriegswesen anhenngige sachen, So zu enthebung der Hof Camer, vnnd damit dieselb Eur Ku. Mt. etc. sonst obgelegnen notwendigen Camersachen, dessto statlicher auswärten möcht, durch ermelten Kriegs Rat verricht werden mugen gehorsamist vnnd mit dem aller Kurtzisten anmelden wellen.

Erstlichen wirdet vnnsers gehorsamisten erachtens von nötten sein, das nun hinfüro, durch Ernennte Kriegs Ret, die bestellung vnnd vrlaubung auch verordnung der mussterungen alles Kriegsfolgg Eur Ku. Mt. etc. furgebracht, gehandlt vnnd expediert werde.

Es solle auch gedachten Kriegs Rätten auferlegt vnnd beuolchen werden, das Sy Ir Aufsehen auch auf das Arsonal Schiffprugen vnnd alle Armada sachen haben, das die ordenlich gehalten vnnd gehanndlt werden.

Wiewol auch Eur Ro. Ku. Mt. etc. ainen obrissten derselben nider-Osterreichischen Lannde Zeugmaister bestelt vnnd verordent haben So erfordert doch die notdurfft, damit obermelte Kriegs Rät auf alle Eur Ku. Mt. etc. Zeugheuser mit was vorrat dieselben yeder Zeit versehen vnnd gestaffiert Ir aufmerckhen haben, Sonnderlichen aber das in Eur Ro. Ku. Mt. etc. besatzungen Granitz, Stetten, Fleckhen, vnnd Heusern, an genuegsamer munition, auf furfallunde not nit mangl erschein, Was darinnen verhannden, erkhundigen, wass auch von ainem orte zu dem anndern Im Faal der not zuuerordnen, vnnd wie sonnsten fürsehung bescheehen solle, berathschlagen, dasselb also mit Eurer Ku. Mt. etc. vorwissen, In volziehung zubringen verschaffen.

Zu solchem wirdet von nötten sein, Inen auszug, was in allen Zeughcusern ort vnnd Granitz Fleckhen für munition verhannden zuezustellen.

Von den Haubtzeugheusern werden die auszug woll verhannden oder zu bekhumen sein.

Dises alles aber bey den anndern vnnd Eusseristen Ortflegkhen Zuerkhundigen, muesse ain sonndere bereittung derselben bescheehen, vnnd durch Ermelte Kriegs Rätt taugliche Commissarien mit notwendiger Instruction hierzue abgeferttigt werden.

Nachdem auch Eur Ro. Ku. Mt. etc. nit allain hie sonnder in merern derselben Lannden, vnnd furnemblich bey Eur Ku. Mt. etc. ort vnd Gränitz Heusern, anschenliche vnnd gar notwendige befesstigungsgepew, Zuuerrichten haben, So mechte den Kriegs Rätten verrer auferlegt werden, das Sy bey den geordenten Superintendenten der gebew auch Pawmaistern Jeder Zeit vleissig erkhundigung hielten, vnnd Enndtlichen darob wären, damit solche gebew vnnd befesstigungen wol vnnd fürderlich verricht wurden, wass Inen auch In Ermelten gepewen, vnd desselben anhengigen sachen Zubeschwärlichen furfiele, Also das dasselb durch gedachte Kriegs Rät, nit verricht werden möchte, sollen Sy solches an Eur Ro. Ku. Mt. etc. vmb genedigisten beschaidt, vnnd Erledigung gelanngen lassen. Gleichfals sollen mergedachte Kriegs Rät, In allen Profanndt vnnd derselben anhennigen sachen, ordnung beschaidt, vnnd den Profanndtmaistern beuelch geben Wie sie sich in bestellung, erkhauffung hin vnnd wider ordnung der Profanndt an die genottigisten ort, verhalten sollen, vnnd daneben Ir aufmerckhen haben, damit in den Profanndtsachen ordenlich gehanndlt, In die eisseristen, vnnd besorglichen ortfleckhen, die notdurfft Profanndt, in vorrad geordent, vnnd also Eur Ku. Mt. etc. Kriegs Volgg, in denselben, mit den Profanndt so hoch Inmassen bisheer beschechen, nit beschwärt werden, vnd alles anderss, so der Profanndt anhengig ist, expediern.

Zu volziehung dessen allen, wirdet furnemblich die Notdurfft erfordern, damit auf merbemelte Kriegs Rat Eur Ro. Ku. Mt. etc. obrister Zeugmaister verwalter des Arsonal, vnnd der Armada Musster vnnd Profanndt, Auch Paw Zallmaister, die Super Inntendenten der gebew, vnd anndere Pawmaister alle, So sich bey Eur Ro. Ku. Mt. etc. befesstigungen gebrauchen lassen, gewisen werden, vnnd in allen derselben anhennigigen vnnd furfallunden sachen durch yetzgedachte Kriegs Rat erledigung bescheche.

So auch, wie gemainclich sich begebe, Also das in obbemelter ainer oder der anndern sachen, Commissionen abzuferttigen wären, So sollen Zuuerrichtung derselben taugliche Commissarj, mit notwendigen Instructionen, durch sy abgeferttigt, derselben Relationen, Alssdann widerumben berathschlagt, vnnd Eur Ro. Ku. Mt. etc. furgebracht werden.

Solches aber alles, ordennlich vnnd statlichen zuuerrichten wirdet auf das Kriegswesen desselben vnnd obbemelter Articl Erhaltung, die ausgaben zuuerordnen von nötten sein, damit dann die Hof Camer mit dem Kriegswesen widerumben nit confundirt vnnd aus dem so ain ausgab in dem Kriegs Rat beratschlagt derselben volziehung erst der Hof Camer beuolchen wurde, doppelte Arbait vnnd die Zerrittligkhait gleich wie yeczo, nit Eruolge, So achten wir In vnndterthanigkhait, ganntz urtreglich zu sein, dass hinfüro die ausgaben dess Kriegs vnnd Hofwesen gethailt, vnnd dergestalt dem Kriegs Rat, Eur Ku. Mt. etc. ordenlicher yecziger Kriegs Zallmaister, nit allain zuuerrichtung obbemelter sonnder aller annderer Kriegsausgaben zuegegeben, demselben auch alle gefell, So auf das Kriegswesen, vnnd alle anndere Kriegsnotdurfft, von den Laonden bewilligt oder sonnst in annder weg verordent, Was aber aus solchem auf das gebew gehörig dem ordennlichen Pawzallmaister Eingeanndtwurt werden, vnnd dise bede Auf Eur Ku. Mt. etc. vnnd nach derselben der Kriegs Rät beuelch, die ausgaben von dem gelt so Sy Innhanden haben wurden, thuen. Vnnd damit die Kriegs Rät, Jeder Zeit, Was in denselben baiden Ambtern fur gelt verhannden, oder ausgegeben worden, aigentlich wissen trüegen, So solle durch bede Zallmaister wochenlichen, ordenliche Zetln, dar Innen solches alless begriffen, Inen zuegestellt werden die Sy alsdann mit Vleis zuersechen, vnnd sich darnach vmb souil dessto mer zurichten werden wissen.

Nota. Es sollen auch mergedachten Kriegs Ratten, von dessto merer berichts wegen, dess Kriegsfolggs Ausstandts halben, vnnd wie an yeczo das Kriegswesen mit der bezallung, besaczung, Profanndtierung, vnnd annderm allenthalben gestalt, ordenliche Auszüg vberanndtwurt, vnnd guetter bericht gegeben werden.

Gleichz. Orig.

XI.
Bericht der Hofkriegsräthe.
21. Nov. 1556.

Allerdurchleuchtigister grossmächtigister Khunig, Allergnedigster Herr.
Eur khun. Mt. Instruction, wöllicher gstalt wir in handlung vnd dirigierung des Kriegswösens vnss erhalten sollen, haben wir mit gebürender Reuerenz gehorsamblich empfangen, vnss darin ersehen, vnd sein vnderthenigs erpietens, so weit sich vnser verstandt erströkht vnsers pösten vermugens vnd getreuisten vleiss, derselben nachzukhummen vnd zugeleben.

Nachdem aber eur khun. gn. darin gnedigst vermelden, wie vnd wass sunderlich Jetzo Im anfang vnss zu empfahung pessers berichts aller furfallenden sachen Aussgaben belangendt, ainen auss derselben hof Chamerrhäten vnss zueordnen daneben auch beuelch geben wollen das vnss vor beruerter hofcammer alles Khriegsvolcks ausstandts auch wie das Khriegswösen mit der beczalung vnd besaczung gstaltsamb aussecziechen zugestellt werden.

Bitten vnd vermanen wir eur khun. Mt. vndterthenigklich, dieselb wölle sollichs zuuerordnen da es anderst nach der Zeit nit beschehen, gnedigist gedacht sein.

Gleichsfalss ob gegen den eur khun. Majestät obristen Zeugmaister verwalter des Arsionals vnd der Armada, Muster und Profandt . . . . . maister die Superintendanten vnd andere Paumeister der gepeu die verkhundung das sy in disem faal in furfallenden handlungen bescheidt von vnss wen nit beschehen wäre nachmaln zu beschechen gnedigst verordnen.

Dieweil auch noch zwen vnsers Mitls als nemblich Georg von Wildenstain und Sigmund Göler abwösig, dieselben mit ehistem zu vnss zu khummen Inen gnedigklich verordnen lassen.

Vnd nachdem Eur Khun. Mt. vnss vnder andern auch In der profandt ordnung zu geben mit g. auferlegen vnd beuelhen, so eruordert die notturfft das wir ainen verstandt haben, ob eur khun. Mt. auf nagst khunftigs Jar ain khrieg zu furn gesynnen seien, dann nach glegenheit eur khun. Mt. vorhabens werden wir vnss mit anordnung vnd zuberaitung der profandt richten müssen. Das haben eur khun. Mt. wir auff dissmal in vnderthenigkheit nit verhalten sollen, vnss in derselben gnaden gehorsambst beuelhendt.

In margine. Sollichs zaigen wir eur khun. Mt. allein darumb ane ob eur Mt. etc. nit bedacht wären, ainichen khrieg fürezunemen, das wir vnss in ersparung rbrigs vnkostens, so sunst zu einkauffung der Profandt aufgewendt werden müste, die auch, da sy nit verpraucht werden solten verderben möchte zuuerhalten wissen.

N. die verordente
Kriegs Räth
Actum den 21. Novembris
Anno etc. LVI etc.

Orig. Concept. Latour.

XII.

Erzh. Maximilian an den K. Ferdinand.

28. Dez. 1556.

Allerdurchleuchtigster etc. Wiewol in der Instruction, wöliche eur khun. Mt. etc. derselben verorndten Khriegsräthen aufrichten vnd zustöllen lassen vnder andernn vermeldt worden, das eur k. M. denselben von merers berichts wegen alles des khrigsuolckhs Ausstand, vnd wie an Jeczo das Khriegswösen mit der bezalung, besaczung, profandtierung gepeuden vnd andern fürsehungen allenthalben gestaltsamb, aussczugh vberantworten vnd notturftig bericht geben lassen wölten, so befinde ich doch, das sollichs aussczugh gedachten Khriegsrhäten nach der Zeit nit zu thun seien. Dieweil aber taglicher furfallender sachen halber, die unuermeidlich notturfft eruordert, das sy die khriegsrhät, deren sachen aller ain wissen haben, so wollen demnach eur kh. Mt. gnedigklich gedacht verordnung zu thuen, damit Inen dergleichen aussczügh mit ehisten vberantworth werden. Damit thue ich mich zu eur Kh. Mt. etc. vatterlichen hulden vnd gnaden sonlich gehorsamblich beuelhendt. Datum Wien 28. Decembris Anno 56.

An die Rom. khun. Mt.

Orig. Concept.

XIII.
Bericht der Hofkammerräthe.
31. Dec. 1556.

. . . . von den hinigen Hof . . . . anzuzaigen.

Nachdem die geordenten Khriegs Räth bey seiner Khuniglichen Würde es angebracht, wie Inen etliche Ausszüg, darauf sich die habunde Instruction Referieret, unnd deren sie zu dirigierung der Khriegssachen vonnödten hieten mangleten, unnd durch bemelte Hof Chammerrath bissher nit uberantwort wären. Soliches auch Inen den Hof Chammerräthen, durch die Römisch Khunigliche Majestet durch bey verwart, an sein Khunigliche Würde lautundt schreiben auferlägt würdet, das in Namen seiner Khuniglichen Würde. Inen den Khriegs Räthen auf Ir gestölte unnd hievor übergebene vermanung, In welcher under andern auch diser ausszüg halben meldung beschechen. Ain solicher beschaidt gegeben worden. Wie höchstgedachte Khunigliche würde Auss nebenligunder Copi mit A. gnedigist zu vernemen haben.

Die Hof Chamer Räth Seind hierüber auch von der Romisch Khuniglichen Majestet Rath, unnd Khriegszalmaister Mathiesen Camerer, Fuchsen genandt sovil bericht, das Er zue hannden des Khriegs Secretarien Hannsen Fieringers, solche Ausszüg überanntworth, dar Innen begriffen, was für Khriegsvolkh an den Graniczen Allenthalben, sovil Ime Kriegszalmaister bewüsst verhannden, wie weith dasselb auch bezalt sey, unnd was Inen den Khriegs Räthen in solichen noch manglet, das mügen sy sich so wol bey ermeltem Khriegszalmaister. Als dem Mustermaister In Hungern Jeder Zeit erkhundigen, die haben in bevelch in disem Allem Nodtwendigen gueten bericht zu thuen.

Das aber die Kriegs Räth Aller Bestallungen ain wissen zu haben begeren, In demselben haben sich die Hof Chamerrath . . . . der unngerischen Hof und Camer Cannzley geferttiget worden. Darzue ist die Hof Chamer Registratur mit hinauf genummen, unnd dieselben zu hannden zuebringen Erfordert die Nodturfft, dass der Romisch Khuniglichen Majestet geschriben werde, damit sein Khunigliche Majestet bey obbemelten Cannzleyen unnd Cämern verfüegeten. Auf das mit dem unsaumblichisten Aller Bestallungen Copeien abgeschriben. unnd zu hannden der Khriegs Räth hieher geschickht würden. Nachdem aber deren vill bej dem Muster unnd Khriegs Zalmaister auch zu finden. Möchten sy diselben mitlerweil sich dar Innen zu ersehen hieten, von Inen erfordern.

So haben meerhochstgedachte Khunigliche Würde auss nebenligunder Abschrifft mit B. gnedigist auch zuvernemen, das hievor schon der Obriste Zeugmaister sambt allen seinen Zeugwarthen. Gleichssfals alle Superintendenten der gebeü, der Obrist Profanndtmaister sambt allen seinen Undergehenen Profandt Verwalthern. Der Obrist Mustermaister, Verwalther der haubtmanschaft im Arsonal, unnd der Schefmaister auf sy die Khriegs Räth, sich in Allen fürfallunden sachen, beschaidt bei Inen zu erhollen, beschieden worden.

Gleichsfals ist der Khriegs Zalmaister, der Ausgaben halben so sy vermüg Irer Instruction zu thuen unnd zu verordnen haben, und Inen sunst in sachen das Khriegswesen betreffendt, allen gueten bericht zu geben, dahin beschieden worden.

. . . .
unnd Irer Bestallung . . . .
bedürfftig, das mügen sy sich bei Obgemeltem Obristen Zeugmaister, oder in sainem Abwesen bey dem Zeugwarth alhie, sonnderlich bei der N. O. Chamer erkhundigen.

Uber soliches waiss die Hof Chamer gehorsambist nit, was bei derselben, so zu den Khriegssachen diennstlich, ferrer für bericht verhannden, unnd solle In diesem, unnd andern An Irem müglichistem Vleiss unnd guetem bericht darumben sy Immer wissen tragen, nichtes erwinden.

Von Aussen:

Der Hof Camer Rät bericht, die ausszüg, unnd abschrifft der bestallung, welcher die Khriegs Rät von Inen gewarttundt seinn, betreffundt.

Orig. Min. Pap., stark beschädigt.

XIV.

Ausschreiben an die Militärbehörden, mit dem Befehle, sich dem Hofkriegsrathe unterzuordnen.

31. Dec. 1556.

Nachdem die Romisch Khunigliche Majestet Unnser gnedigister liebster Herr unndt Vater, alhie ainen Ordenlichen Khriegss Rath nun hinfüro halten werden, unnd auf denselben dich sambt anndern seiner Khuniglichen Majestet Officiern, so dem Khriegsswösen gewärttig, und anhengig sein. Zubeschaiden. gnedigiste Verordnung gethon haben, So ist in Namen seiner Khuniglichen Majestet unnser bevelch, das dir nun hinfüro in allen fürfallunden, unnd dein Ambts Verwalthung berüerunden sachen, dich bey ermeltem Khriegs Rath, beschaids erholest. Unnd dem Ihenigen so sy dir, von hochstgedachter Khuniglichen Majestet unnd in derselben abwesen, von unnserntwegen, auferlegen würden, gehorsame volziehung thuest. Daran besschicht seiner khuniglichen Majestet unnd unnser gnediger willen, unnd mainung. Geben Wienn den lesten Decembris Anno etc. Im Sechssundfunfzigisten.

An Herrn Obrissten Zeugmaister Hansen von Tiskho, der solle dasselb gleichsfals zu thüen, bei allen Seinen Zeugwarthen auch darob sein.

In simili an Superintendenten der gepew alhie, das Er sölches auch bey allen andern hirigigen, unnd den Gränizfleckhen Paumaistern verfüeg.

Obrissten Profandtmeister der söll dasselb bey allen Seinen undtergebenen profandtverwalthern auch verfüegen.

An Verwalter der haubtmanschaft im Arsonal
Musstermaister
Schifmaister.

Orig. Pap.

XV.
Auftrag ex consilio regio an den Hofkriegsrath.
31. Dec. 1556.

Von der Khuniglichen wirdt zu Behaimb etc. der Romischen Khuniglichen Majestet unnsers Allergenedigisten Herrn geordneten Khriegs Räthen, auf Ir hievor übergebnes gehorsamistes Vermonen, so Sy an sein Khunigliche Majestet, der aufgerichten, unnd Innen zuegestölten Instruction nach gethon, zur gnedigisten beschaid anzuczaigen.

Nemblichen solle Inen, auss seiner Khuniglichen Majestet alhiegelassnen Hof Camer Räthen, Jeezo zu anfanng, unnd von wegen merers berichts der ausgaben in fürfallunden sachen, Georg Teufl zuegeordent, unnd demselben auferlegt werden das er sich wan es die Notturfft erfordert, zu ermeltem Khriegss Rath verfüege.

Alsdann haben sein Khunigliche Wirde bey seiner Khuniglichen Majestet etc. Rath unnd Kriegss Zalmaister In Hungern Mathiasen Camerer Fuchssn genanndt solche Verordnung gethan, das er Inen wie das Khriegswösen mit den Besaczungen, unnd Bezallungen gestaltsamb, auch alles Khriegsvolkhs ausstanndts, lautern ausszug überraichen unnd zuestellen solle.

. . . .

Verwalther des Profanndt und der Armada, Gleichsfals die Muster Profanndtmaister, Superintendenten unnd Anndere Paumaister Alhie, in allen fürfallunden Hanndlungen, auf Sy beschiden werden.

Sovil die zween abweesunden Khriegss Räth belanngt, da ist wie sein Khunigliche Wirde bericht werden, Georg von Wildenstain mit schwacheit beladen, Sigmund Gäller sol teglichen ankhumen.

Dann das offtbemelte Khriegss Räth ain wissen zu haben begern, ob auf khunfftigs Jar, ain Khrieg gefüert werden solle, demselben nach die Profanndt in Vorrath zu bringen; oder so khain Khrieg fürgenummen, übrigen Uncosten, so sonnsten hierzue vonnöten, zu ersparen In solchem khunden sich sein Khunigliche Wirde diser Zeith, aigendtlicher anndtwurt nit enndtschliessen, sonnder müessen sich bey hochstgedachter Khuniglichen Majestet desshalben ferrers beschaids erhollen. Alsdann solle Innen den Kriegss Räthen derselb auch endtekht werden.

Dieweil aber die Notturfft erfordert das die orth und Grüniez Heuser, In ainen als den Anndern weeg, Profanndtiert werden. Ist in Namen meer hochstgedachter Khuniglicher Majestet . . . .
der Ortfleken . . . .
Profanndtierung, mitlerweill bedacht sein, unnd solche in Volcziehung pringen.

Ex Consilio regio.

Uberantwurt den lesten December Anno 56.

Von Aussen:
Anntwurt den Herren Khriegs Rethen auf Ir hievor ubergebnes vermanen.
A.

Orig. Latour. Stark beschädigt.

XVI.

Kriegskanzleiordnung K. Maximilian's II.

o. D. (1564).

Maximilian der Ander etc.

Ordnung, welche bei Unser Hofkriegs Canzley durch Unsere jezige und khünfftige Kriegs Secretarij, Registrator, Expeditor, Concipisten, Ingrossisten, und andere Canzley Persohnen, bis auf Unser widerrueffen und veränderung gehalten werden solle.

Erstlich wellen Wir, dass Unsere Secretarij, Registrator, Expeditor, Concipisten, Ingrossisten, und andere Unsere Hof Kriegs Canzley zugethanene Persohnen sich in der Canzley und sonst freindlich, fridsamb, beschaiden, und zichtig halten, und fürnemblich khein Gottslästerung, mit schweren, oder in ander weege, wie des Nahmens haben mag, noch ander Unzucht, geschrey, schelten, Vexiren oder Leichtfertigkheit, offentlich noch haimblich, weder mit Werkhen noch Wortten treiben, noch ainich Rumor gegeneinander anfahen, oder verursachen, alles bei verlierung des Diensts, oder vermeidung anderer unserer Straff. Sonder wan ainer, ob dem andern beschwär hette, dieselb sein beschwär, Erstlich den Secretarien, wo aber solche Irrung durch Sy nit hingeleget khünde werden, Alssdan Unserm Hof Kriegsraths Präsidenten und Räthe anzaigen, Welcher aber hierüber in ainichen weeg dem Zuwider handlen, oder mit thätlichem Fravel, Unser Kayserliche Freyung in der Canzlei brechen würde, der soll wie sich gebührt, nach Ungnaden, und wie obstehet gestrafft werden.

Weiter weill wissentlich diser Unser sachen daran Unss, Unsern Königreichen, Fürstenthumben, Landen und Leuthen, merkhlich und vill gelegen ist, dergleichen der Partheyn Handlung, welche mit grosser Versambnuss, und zehrung an Unsserm Kayserlichem Hof etwo lanngligen, in die Cannzley khumben, unnd solche sachen in gehaimb, den obbemelten Cannzley Persohnen vertraut werden, dennoch solle den Secretarien, Registrator, Expeditor, Concipisten, Ingrossisten, und allen Cannzley Persohnen, von höchstem bis auf den Nidristen, mit allem ernst, und bey Jedes geschwornen Ayd auferlegt, und eingebunden sein, dass Sy alle dieselben gehaim die sy im Rath, oder in der Cannzley vernemen und Ihnen vertraut werden, khainem Menschen eröffnen, noch in kheinerley weg zu vernemmen geben, sonder alles biss in Ihren Todt verschweigen, welche aber dass übertretten, und Ihres Aydts hierinnen vergässen, und monaidig gefunden wurden, die sollen nach gelegenheit am Leib und Leben gestrafft werden.

Unssere Secretarij, oder andere Cannzley Persohnen, die durch Unssere Hoff Khriegs Räth in Rath gebraucht werden, sollen khainem Menschen offenbaren wass im Rath gehandelt oder geredt würdet, ob man samet, oder gethailt handlet, oder was man aine oder die ander Session Rathschlaget oder beschleust, oder was man handlen oder fürnemmen welle, wehr bey ainer oder der andern Handlung gewest, und wass jeder insonderheit votiert hab, wie sy auch sonst alles anders, wass Sy sehen oder hören, verschweigen, und niemandts offenbaren noch vertrauen sollen.

Unssere Secretarij, Registrator, Expeditor, und andere Cannzley Persohnen, sollen alle tag am Werchtag von St. Geörgen Tag biss Michaelis des Morgens umb Sechs Uhr oder bald darnach, und von Michaelis biss wider Goörgen, umb Siben Uhr vormittag biss auf zehne, oder so lang es Unser Notturfft erfordert, unnd nachmittag allweg es sey an feyr: oder Werchtagen, umb ain Uhr biss widerumben auf fünffe, oder wie obstehet, so lanngs Unser Notturfft erfordert in der Cannzley beim Dienst sein, und bleiben, und da gleichwol nichts zu schreiben ist, sich dannoch bey, und in der Canzley finden lassen, biss auf die Zeit jecztermelte ordinarj Stunden werden fürüber sein, damit, wann was unversehens fürfüelle, Sy alssbaldt bey der Handt seyen, und so aber vill zu schreiben, oder etwas genötiges zufertigen fürfallen wurde. Sollen sy bey tag und Nacht, biss das solche genötige sachen weggefertligt, arbeiten, wie sy auch sonst die Zeit sy in der Canzley seyn nit unnuczlich, oder vergebenlich zuebringen, Sonder treülich, und fürderlichen schreiben, Und dassjenig, so Ihnen befohlen ist, weckhfertigen, Und sich khainer auf den andern verlassen, noch des andern unfleis, wo der an ainem oder mehr erschin, Auch zu unfleiss, und nachlässigkeit bewegen lassen, Sonder ain Jeder soll wie Er seiner Pflicht nach schuldig ist, und solches würdet verantwortten wissen müssen, seinem Dienst treülich ausswarten.

Und nach dem in Unsserm Hauptlegern, und wo Wir sonst ain Zeit stilligen, ain gebürlich orth, und behaussung zu Unser Kriegs Canzley nit weit von der Rathstuben, nach gelegenheit der Leger ausszaigt würdet.

Wollen Wir, dass Unssere Secretarij, Concipisten, Ingrossisten, und alle andere Canzley Persohnen, Unssere sachen in der Canzley schreiben, und nit in Ihren Herbergen und undtern Leuthen die Schrifften umbziehen, Es sey dan sach, dass etwas solchen fürfüelle, dass es in der Canzley der Zeit nach nicht, sondern bey der nacht geschriben, oder verricht miesst werden, In solchem fahl, und sonst nit, soll Ihnen dass schreiben in Ihren Herwergen zuegelassen sein. Auch sollen Unssere Secretarien, ohne Unssers Hof Kriegsraths Präsidenten, also auch kheine der andern Canzley Persohnen, ohne der Secretarien wissen, willen, und vergunstigung ainichen tag oder nacht nit abwesig sein, Sonder sollen wie obstehet, der Canzley mit vleiss beywohnen, und das so Ihr Jedem zu thuen auferlegt und befohlen würdet, Es sey besonderwar, oder in gemain mit Vleiss, und guetem willen, unvergessenlich, ungesaumbt, und unwidersprochen, bey tag und nacht fürderlich fertigen, Und sich sonst kheinerley Extraordinarji Schreiberey annemmen noch beladen.

Und wan Unssere Secretarien, Jeder insonders seine Copeyen im Rath abhören hat lassen, und solche Copeyen an die Stat zuschreiben fürgibt, sollen die Ingrossisten solches auch alles Vleiss, ohne Verzug und fürnemblich was Commission, Instruction und Bestallung, Item wass an die Durchleüchtigen Unssere geliebten Vettern und Brüedern, die Erczherzogen zue Österreich, dan auch an die Obristen und Haubtleüth Unsser Gränizen und sonst zufertigen, Vleissig und alwegen wass Unssere aigen sachen sein, daran Unss, Unssern Königreichen fürstenthumben, Landen, und Leüth gelegen, Am ersten, vor der Partheyen sachen für handen nemmen, und Ingrossieren. Wo aber die Partheyen selbs, oder Jemandts von Ihrentwegen, umb Ihre sachen anhalten würden, Alssdan dieselben auch neben Unsser sachen, nach gelegenheit unverzogenlich schreiben, wie Ihnen dass durch die Secretarien jeder Zeit angezaigt, und bevohlen würdtet, darauf Sie die Secretarij Ihr aufmerkhen haben, und Vermahnung thuen sollen, dass dem guete Volziehung beschehe, und sy die Ingrossisten selbs sollen auch Ihr vleissig aufmerkhen darauf haben, damit nichts verabsaumbt werde. Die Ingrossisten sollen auch alle original Bestallung und andere wichtige Brief, bevelch, und handlungen, Ehe vnd man dieselben zu der Signatur fürbringe mit dem Registrator Vleissig Collationirn und in fahl, dass durch Unssern Registrator ainiche gefehrliche und ungeschickhte Rasurn gefunden wurden, Sol solches durch ihne keineswegs gelitten, noch solche brieff, die dermassen geradiert sein, zuegestochen oder hinaussgegeben werden, Sonder die solche brief geschriben haben, Sollen berürte brief, es sey nun ainer oder mer Unverzogtlich, und dermassen umbzuschreiben schuldig sein, das in solchen ainicherley Unfleiss nit gespürt werde. Und sonderlich Wollen Wir dass die Verschlossene bevelch vor der Verzaichnuss recht mit Vleiss, und Canzleischrifften überschrieben, und mit den Titel nit geirt und durch Sy die Ingrossisten Jederzeith Zway gerechte ordentliche und lautere Lateinisch und Teütsch Titl Püecher bey der Canzley gehalten werden. Welche sich mit Unsser hof, hungarischen und lateinischen Canzley Titl Püecher aigentlich vergleichen sollen. Und wass für frembde Titel die in obbemelte Titl Püecher nit begriffen, sich täglich zuetragen, die sollen sy gleicherweyss, mit Vleiss erkhündigen, einschreiben und Tabulirn. Und damit aber Unsere genötig auch der Partheyen sachen, die Kaine Zeit erleiden müglich von weg der einschliss wie bisshero offtermalss beschehen, nit aufgehalten, Sonder durch unsern Registrator auf der Post, oder wie es die Notturfft ervordert on Verzug wekh geferttigt werden mügen, Sollen die Ingrossisten nun hinfür schuldig sein die einschlüss die Inen durch die Secretarien, Registrator oder Expeditor Jederzeit fürgelegt werden abzuschreiben untereinander freündtlich aussthaillen und selbs zu schreiben, Volgundts auch zu Collationiern, und alssdann Collationirt in den einschlüss sakh einzulegen, oder dem Registrator zuezustellen, damit hiedurch nichts verabsaumbt werde, wie Ihnen dan solches Pillichen zuesteet und gebüert. Dan Sovil die Signatur der brief, bevelch, und urkhunden so täglich geschrieben und mit Unsserer aignen Hand verzaichnet werden betrifft, damit solle volgunde ordnung gehalten werden, Nemblich dass der Canzleydiener wer der Jederzeit sein würdet, berüerte Brief, bevelch und Urkhunden

Erstlich dem Secretari so solche gemacht, damit Sy aufsechen, dass angezaigte brief und Urkhunden fleissig geschriben und relationirt seien, Nochmahlss den Praesidenten Unssers Hofkhriegs Ruthss, und volgendts Unss zum Underzaichnen zuetragen, dieselben auch negst volgenden morgens oder wo es die Notturfft erfordert noch denselben abendt von der Signatur widerumb wegnehmben, Und offt gemelten Registrator uberantworlten, auf dass er angeregte brieff Unsserer Notturfft nach, ohne Verzug hinwegkhfertigen müge.

Im Fall aber gemelter Canzleydiener Schwacheit oder ander chafften halber die brieff und bevelch zu der Signatur nit tragen möcht, Alssdan soll Ine der Jungst angenomene Ingrossist vertretten, wann aber derselbe auch nit verhanden, soll Er ainen andern Insonderheit erbitten der solchen an seiner statt verrichte. Sy die Ingrossisten sollen auch in abwesen der Secretarien oder Registrators in den Registratur Püechern Expedirt Monath: oder in andern schrifften nit suechen noch umbgrüpln, noch andern zu thuen gestatten. Ess sey Inen dan solches von Unssern Secretarien oder Registrator Insonderheit zuegelassen, oder bevohlen' derentgegen soll auch Unsser Registrator die Registraturbüecher niemahl, oder ainzige Copeyen auf seiner Tafel, oder sonst in der Canzley zersträt nit umbfahren lassen, sondern Er soll dieselben büecher alss Vil immer müglich versperrt halten und die Monath oder einzigen Copeyen fein sauber zusamben gebunden, auch in neue sauber orth aussthaillen.

Unssere Secretarien sollen auch Khainswegs gestatten, dass den dienern so Unss weder glibd noch geschworen, ainiche Copey zum Ingrossiern fürgeben, Sonder die Ingrossisten dieselben freundlich under einander selbs schreiben.

Wo aber unter der Secretarien Dienern ainiche vorhanden, die fromb, Erbar und vertraut wären, auch Lust zu der schreiberey hetten, und etwas Lehrnen wollten, Geben Wir gnedigklich zue, dass denselben Jezuzeiten Copeien zum Einschliessen, oder wan der Partheyen bevelch abschrifften zu schreiben geben werden, doch sollen solche Jungen an die gewenlichen Tisch zu setzen, und daselbst schreiben zu lassen, dan auch andere der Secretarien und Registrators Dienern, Ausserhalb deren Knaben, darunder einem Jeden Secretarj, Concipisten, Expeditor und Registrator ainer zuegelassen sein solle, der Zu und eingang in die Canzley genzlich verpotten sein.

Unsser Expeditor wer der Jederzeit sein würdet, solle allen Vleiss gebrauchen, damit Er die Supplicationes, Sendtschreiben, bericht und ander schrifften wie sy täglich im Rath erlediget, und Ime die Secretarien zuegestellt werden, alle tag auf dass baldist so es sein mag, in sein ordinari Puech einschreibe, und solches einschreiben Khaineswegs von ainen tag auf den andern verschieben, noch in die säckh oder Puschen verlegen, was auch die Rathschlege in sich halten, solle der Parthey tugentlich und sitlich anzaigen, wass aber anderst wohin auszuschikhen, soll Er dem Canzleydiener alssbald ubergeben, und derselbe soll solche schrifften oder Rathschlege Khaineswegs verliehrn, oder bey Ime verliegen lassen, sondern er solls von stund an an die orth, dahin es gehöre tragen, und uberandtwortten.

Die schrifften, welche man zum einschliessen haben muess, Soll Er Expeditor gleicher weiss fürderlich einschreiben, Volgundts den Ingrossisten zum abschreiben fürlegen, und wass für Articul abzuschreiben sein anzaigen, damit dasselb durch sy die Ingrossisten zeitlich beschehe, und an Ihme Expeditor in der Verferttigung, in dem Fahl ainiche schuldt nit erwinde. Wass aber für Supplicationes und ander schrifften sein, welche nit abgeschrieben sondern originaliter eingeschlossen werden, Soll Er Expeditor fürderlich einschreiben und in den einschlüsssakh zeitlich legen, damit unsere, noch der Parthey sachen mangel halben der einschliss nit gehindert werden, Er soll auch in seinen einschreiben dermassen ordnung halten, dass Jede sachen an das orth, da es hingehört gelegt und wass für schrifften oder handlung gefordert werden, dass Er dieselb fürderlich wisse zu finden. Die Secretarien, der Registrator, Expeditor, und die andern Canzley Persohnen soll den Partheyen ainiche abschrifften auss der Registratur Püechern, Rathschlegen, bevelch oder andern schrifften nit hinaussgeben, es sey dan von Unsern Hoffkhriegss Raths Präsidenten Inen den Secretarien, und widerumb von Inen den andern Canzley Verwandten also verwilligt und zuegelassen, Unsere Canzley Verwante in gmein sollen auch Khain frembte Ungebührliche Prasserey und Spil, geselschafft in Unsser Canzley zuelassen, noch Jemants von Unssern Hofgesind, So nit in die Canzley gehöre Vil weniger andere Verdachtliche unbekhante Persohnen in die Canzley gewehnen, denselben zu sizen schreiben, Claffen, vnnucz Rödt und geschwäz zu treiben oder in den schrifften umgrüpeln gestatten, Sondern wan dergleichen Persohnen hineinkhumben, dieselben mit glimpfen auss beschaiden, oder wo Sy wass zu Solicitiern hetten, dieselben an Unssere Secretarien, oder den Registrator weisen, Im fall aber Jemants bei Unsser Hofkhriegs Canzley oder bey Inen als derselben Verwanten wass zu thuen hat, sol derselb aufstehen und entgegen gehen und Ire geschäfft und Notturfft, vor und ausser der Canzleystuben, oder doch also mit einander reden, damit Jemandt an seinem Concipirn, Ingrossiern, Registriern, Collationiern, oder andern seinem Dienst nit Verhindert, und die Canzleihandlungen so vil dest mer in gehaimb gehalten werden.

Item so wellen Wir auch, dass sich Jemants wan sonst menigklich zugewohnlicher Zeyt auss der Canzley geet, es sey Vor oder nachmittag Ess begab sich dan, dass Etwass genotiges zu fertigen oder zu schreiben in Unsern aignen sachen füerfüell in der Canzley nit verspath, Sonder wie ander daraussgee, damit die Canzley zu vngewöhnlicher Zeit nit offen bleibe. Im fahl dan genötige sachen fürfüellen, und dieselben sich dermassen beüffen, dass Unssere Secretarij mit der Expedition nit volgen mögen, sollen im selben fahl auf der Secretarij begehrn der Registrator und Expeditor so wohl als die ordinari Concipisten mit dem Concipiern, und die Concipisten sowohl alss die ordinari Canzleischreiber mit den Ingrossiern hülff und handt raichung zu thuen schuldig sein, denen Jungen aber sie gehörn gleich dem Secretari, Registrator, Concipisten oder Canzleischreibern solle dass Ingrossiern zu der Signatur ohne sondere noth mit nichten gebühren, und eben so wenig soll demselben gstatt werden, die Schlüssel zu der Canzley zu haben, in den Copeien nachzusehen und zu grübeln, oder an der ordinarj Canzleyschreiber Tisch zu sizen, oder in der Canzley Ihr geschwäz zu treiben, wie auch sonst wohl unnöthig ist, jeder Canzleipersohn einen aignen Canzleyschlüssel zu lassen, sondern vergenueg zu achten, wann einer bei den Secretarj, der ander bei dem Registrator und der dritte bei dem Canzleydiener, alss dem Dienstshalber gebührt, jedes tags der erste und der lezte ein: und auss der Canzley, zu werden.

(Firnhaber.)

Unssere Secretarij, Canzleipersohnen, und fürnemblich Unsser Registrator sollen die Partheyen in Khainerley weg, weder mit erfordrung ungebührlicher und unzimblicher Tax, Bibali gelt noch sonst an Unssers Hofkhriegss Raths Präsidenten Vorwissen und bewilligung wider die billichkeit und Altes herkhomen der Canzley, nit beschwären, dergleichen auch Khain sonder Bibali ervordern, oder heimblich einemen. Und nachdem etlich Jahr und Zeit her wan man die brief zu Unsserer Verzaichnuss getragen, dieselben nur einen Unsserer Cammerer, oder Cammerdiener unverpedtschiert gegeben werden und nach Unsserer Verzaichnuss etwo durch ainen Unsserer Trabanten widerumben auch unverpedtschirt zu der Canzley geschickht, Auss welchen dan Villeicht die gehaimb ausskhomben und geoffenbahrt worden seyn möchten, Solchen aber Künfftiglich fürzukhomben, wellen und sezen Wir, dass hinfüran der Canzleydiener die brieff nachdem dieselben Unsser Hofkhriegs Raths Präsident und Secretär wie obsteht underschriben haben, auf einander wie sie zusamhen gehören richte, und mit einen Spaget Creuzweiss verbinte, Volgundts an ainen Unssern Secretarij in abwesen derselben Unssern Registrator Verpetschiern lasse, oder selbst mit seiner Petschier Verpetschiere, und wouer genötige brieff darunder währen, die Eilens bedurff und Villeicht denselben Abendt bey aigner Post geferttigt werden, sollen dieselben brieff von andern absöndern, in ein anders Copert allermassen wie obstehet verbinden, Causa Domini Imperatoris propria, und etlich Cito daraufschreiben, auch einen Cammerer oder Cammerdiener zuestellen, und auf angezaigte genetigte brieff biss sy von Unss zeichnet werden, warten, heraussnemen, und Unssern Registrator zu der fertigung zuetragen. Aber die andern brieff so nicht so genötig sein, am andern tag dornoch in der Frue Von stund an von der Signatur heraussnemen, und dem Registrator förlegen.

Der Canzleydiener soll wie bissher die Registratur mit Vleiss schreiben und Puntiern, nicht weniger aber auch wo genötige Sachen fürfüellen, dem Ingrossisten Ingrossiern helffen, sein aufsehen nach Unssern Hoff Khriegs-Räthen, auff Unssere Secretarij und alssdan auf Unssern Registrator haben, Alles was Im bevohlen würdet, Unwaigerlich aussrichten, der Erst in der Canzley sein, dieselb zeitlich aufspöhrn, damit Unssere Canzley Persohnen Jeder Zeith Unsserer notturfft und Ihren diensten nach hineinmügen. Item er soll auch winters und Sommers Zeiten gegen den Abendt der Lötzte sein, dieselbe Canzley alle Abend vor seinen Aussgehen sauber aussbuzen, Und alssdan Vleissig zuespörren. Uonnd über die gewöhnliche Zeith er sey wo er wöll, und ausserhalb genuegsamber Ursach dieselb nit wider aufspörren, winters Zeiten auf dass fewer in ofen sehen, die Liechter wan Jederman dorauss gehet vleissig ablöschen, und durch sein Unfleiss Khain gefahr fewershalber entstehen lassen.

Und wan Wir mit Unsserer Khayserlicher Person auss ainem haubt oder sonst ainem gemainem Leger verruckhen, so solle der Canzleidiener alle Canzleysachen in die Trüchen ordentlich und vleissig einmachen, damit Unsser

Canzleygüetter eingemacht, geladen, und umb so viel Eher an sein orth da Wir hin ziechen und ein Zeith zubleiben Vorhabenss sein, gebracht, und widerumben ausgelegt, und Unssere sachen gefürdert werden. Disen obbemelten ordnungen sollen alle Unssere Secretarij, Registrator, Expeditor, und andere Canzley Persohnen so jezo in Unssern Diensten Verhanden seyn, oder Künfftiglich zu der Canzley angenummen werden, gehorsamblich gelöben und nachkhumben, wo aber ainer oder mehr auss Ihnen ungehorsamblich erschine, und in der güete ain oder zwai mahl, umb abstehung vermahnet wurde, und sich dieselb Persohn nicht daran kheren, sonder in der Ungehorsamb verharren wolte, So sollen alssdann Unssere Secretarij solches Unsserm Hof Khriegs Raths Präsidenten anzuzaigen schuldig sein, und niemandts darinen verschonen, damit obgedachter Unsser Präsident solches der notturfft nach abzustellen, und wo es anderst nit sein khündt, an Unss gelangen zu lassen wisse, und Wir volgundts weiter von billichkeit wegen, es sey mit Vrlaubung solcher Persohnen, oder in ander gebührlich weeg, einsehung thuen mögen, doch behalten Wir Unnss bevor, dise Ordnung jederzeit zu verändern, zu mehren, oder zu mindern, wie solches Unsser notturfft erfordert, Und dass ist Unsser willen und Mainung. Geben etc. etc.

Von Aussen:

Kriegs Canzley Ordnung von Khaiser Max° 2do.
1564.

Orig. Concept. Papier. v. Latour.

XVII.
Neue Instruction für das kaiserliche ordinarj Hofkriegsraths Collegium.
14. November 1615.
Matthias etc.

Instruction, Auf vnnser Kaiserlich ordinarj Hof Kriegs Raths Collegium Nemblichen Wass die Wolgebornen, Edlen Gestrenngen auch vnnsere vnnd dess Reichs liebe getrewe N. vnnd N. alss vnsere Jeczige vnd alle khünfftige ordinarj Hof Kriegs Präsidenten vnnd Räth, bedennckhen, hanndlen, dirigirn. vnnd verrichten sollen.

Anfangs wissen vnser Hof Kriegs Präsident vnnd Räth selbsten gueter massen auco was hochbewöglichen billichen vnd höchst nottwendigen Vrsachen, auch vnumbgenglicher notturfft bissher von vnns alss Römischer Kaiser vnnd Khunig in Hungern, sowol also vor diesem viel Jar lanng von vnnsern löblichen vorfahren geschehen müssen, ain stättes ordinarj Hofkriegsraths Collegium ist vnnderhaltten worden vnnd so vnns dann soliche wichtige vrsachen noch auf dato vor augen stehen, auch sich von tag zu tag, mehr sorg- vnnd gefehrlicher erzeigen wollen. Alss sein wir nochmaln genedigist anderst uit gemaint dan mit erhalttung dises Collegii bestendig zu continuiren vnd hierumben wöllen wir auch hiemit dasselbe von newen confirmirt vnd bestätt, allein dissmals dabey dessen hieuor habende, von Weilandt vnnserm hochgeehrten Anherrn Khaiser Ferdinanden christseeligen angedenckhens vnder dato 17. November Anno etc. 1556 aufgerichte vnd gefertigte Instruction etlichermassen, vnd wie es jecziger Zeit vnnd Stanndts notturfft erfordern will (doch one ainiches praeiudicium dises Collegij beraith langwirigen herkhummens) auf nachuolgenden weeg geändert, vermehrt, vnnd geschlossen haben.

Modus votandi concludendi et Caesari referendi. Erstlichen solle in disem vnserm ordinarj Hof Kriegs Raths Collegio in allen vnnd jeden sachen, die darin zu beratschlagen vnnd zu erledigen gebürn vnnd furkhummen werden, vnnser Präsident in abwösen dessen, aber, der Jenig vnnder den Räthen, so zunechst nach Ime Praesidenten die Session hat, die vmbfrag, wie auch den Schluss vber der Räth gegebene vota haben, Inmassen es sich dem alten gebrauch vnd ordnung nach also geziinen will, Vnd weil vnns zuuorderist an guetter direction vnnsers Kriegs und Gränitzwösen hoch vnnd viel gelegen, so wollen wir genedigist dass durch den jeczigen vnnd khünfftige vnnsere Hof Kriegs Praesidenten (sowol auch durch die jenigen Räth so etbo in dessen abwesen die direction haben werden, alle vnd jede fürfallende Kriegs vnnd Gränitzsachen, nichts aussgenumben, anderst nit dann Collegialiter beratschlagt, vnnd ausser deme vnns oder vnnserm fürstlichen Kriegs vnnd Gränitz Administratorn, wo deren ainer sein wurde, nichts furgebracht, oder da je etbo aus nott vnd in der eill one dergleichen vorgangenen berathsehlagung was geschehen müsste, daz doch sollichs hernach den anndern vnnsern Hof Kriegs Räthen gleichsfalss

Numerus consiliariorum. alssbaldt communicirt werden solle Wie wir vnns dann auch genedigist entschlossen haben, fürohin neben Ime Präsidenten jedercZeit vnnd ordinarie zum wenigisten noch Sechs andere wol qualificirte vnnd Kriegserfahrne Räth zu vnderhallten vnnd sollen dieselben vor allen anndern mit solchen Personen erseczt werden, welche nit allain one mitl vnns vnnd dem heiligen Reich oder vnnsern Erb Künigreichen vnnd Landen, oder sonnst vnns vnnd vnnsern löblichen hauss Ossterreich vnnderworffen, sonndern die auch selbsten mehrers bey solchem Collegio vnd Iren Rathsstöllen zuuerharren dass etbo vber khurz oder lanng ainichen beuelich zu Veldt oder bestallungen auf Kriegsvolckh zuesuchen vnnd zubegehren gemaint sein, Wie sich

Non liceat consiliarijs appetere officia campestria vel confinaria. dann ins khünfftig alle vnnsere von neuen aufgnumbene ordinari Hof Kriegsräth dergleichen Practensionen gennzlichen begeben vnd sich also einer vnnd der annder nach diser vnserer gnedigisten resolution allerdings regulirn vnd accomodirn solle.

Consilij Aulae Bellici dependentia. Zum andern sollen vnnsere Hof Kriegs Praesident vnnd Räth Ir aufsehen in allem allain auf vnnss, vnd nach vnns auf vnsern geordneten fürsstlichen Kriegs vnnd Graniez Administratorn wo etbo deren ainer aus vnsern Herrn brüdern oder Vettern in vnsern abwösen bestölt sein würde hallten vnnd haben. Sunst aber, vnnd zumal da wir selbsten oder ainer vnserer fürsstlichen Kriegs vnnd Granicz Administratorn nit zugegen sein werden, in allem dem, wo es die Nottlurft erfordern wirdet, sich mit vnsern zu Wien hinderlassenen deputirten vnnd andern Räthen aller vertrewlichen Correspondenz vnd guetem vernehmens befleissigen. *Correspondentia cum Vienna relictis Deputatis.*

Vnd wie nun fürs dritte, von vnnss zu vnnsern Jeczigen so wol den khunfftigen bestölten Hof Kriegs Präsidenten vnd Räthen, Irer gueten vernunfft, Erbarkhait, schieckligkhait vnnd Kriegserfarnhait halber, dass sonndere genedigiste Vertrawen gestölt, Inen auch ohne dass vnnd ausser langen aussführung genugsamb bewust vnd bekhandt ist, dass vor allen anndern vnnser vnnd vnnserer Khünigreich vnnd Lannden vnd getrewen Vnnderthanen, so wol dess heiligen Reichs vnnd consequenter der ganczen werden Christenheit höchst notturfft erfordere, die guete fürseh vnd bestöllung auch vleissige obacht vnnd vermörckhen, auf vnnsere in vnserer Cron Hungern auch Crabaten vnd Windischlanndt gegen dem Erbfeundt vnnsers allgemainen Christlichen Namens vnd glaubens den Türggen gelegenen Gränitz Vesstungen, Heusser vnnd Orthfleckhen zuhaben vnnd dass hierumben allen vnd Jeden denselben anhengigen sachen vmb soviel eiffriger nachzudenckhen, auch dabey alle nottwendigkhaiten schleinig vnd souil nur Immer müglichen sein khan, zu befürdern sein wollen, Alss sollen gemelte vnnsere Hof Kriegs Präsident vnnd Räth, sich dessen stettigs erindern, vnd demnach alle vnnd Jede täg, aussgenummen die Fest vnnd Feyertäg (woferr anderst an denselben nit sachen die gar nit khündten aufgeschoben werden, fürfallen) es seyen geschäfft *Hora tempus et locus frequentandi consilium.* verhanden oder nit, an der stöll, wo Sy jeczt Ihr Rathstuben haben, oder Inen dieselbe ins khünfftig an Jeden ortt vnnserer Kaiserlichen hofhaltung (welches sich aber allain auf vnnser Stadt Wien, oder in der nähent daselbs herumb versehen soll) wurdet aussgezaigt werden, Nemblichen Summers Zeit morgens vmb Sechs vnd Winttlers Zeit vmb Siben Vhr zusamhen khumen vngefehrlichen biss vmb zehen Vhr beyeinander verbleiben, Ja wo die sachen so hochnottwendig sein wollten, auch die Stundten nachmittag zu Hülff n^ehmen, vnd also darunter vnnsere Kriegs vnd Graniczwesen, wie es Jedesmalss die gelegenhait, nott vnd leufften auch die einkhummende bericht vnnd Kundtschaften in Fridens oder ofnen Kriegs Zeitten mit sich bringen wirdet, alles trewen fleisses nachdenggen, vnd darüber reiffe beratschlagung hallten, wass sich nun dabey sorg vnd gefährlichen erczaigen, oder sonst vnss vnd vnnsere Kriegs vnd Gränitzwösen nachtaillig vnd schädlichen befinden wollt Ires thails zeitlichen verwarnen auch selbsten nach aller müglickhait verhuetten vnnd furkhummen, vnnd demnach alles das so etbo in ainen vnnd dem andern nüczlich vnnd furstendig sein mag, aufs best befürdern, vnd wo Inen darundter wass ein vnnd furkhumben wurde, so die Crabat- vnd Windischen Gräniczen berüren wolltte dasselbe nach gelegenhait vnnsers freundtlichen geliebten Vettern Erzherczog Ferdinandj L., alss welche von vnns die Administration solcher Gränitzen ob sich tragen, Jedesmals Communicirn, vnd dissfalss dahin sehen, dass mit gedachter S. L. guete Correspondenz gehalten werde, gleichsfalss sollen Sy auch alle sachen, Schrifften vnnd Hanndlungen, so wir Inen etbo vberschickhen vnnd zuordnen werden, oder wass sonnst fürfallen möchte obnerstandenermassen, alspaldt zu Rath vnnd nachdenckhen ziehen, vnnd wo Sy befinden werden, dass Inen gewisse Resolutionen drüber vonnötten sein wollen, sollen Sy vnns durch die gebürende mitl, die audienczen suehen vnd demnach auf den Inen bestimbten tag vnnd stundt die notturfft vnns selbsten, sonnst aber in vnserer absencz vnnsern geordneten fürsstlichen Kriegs vnnd Gräniczwösens Administratorn mit gutachten gehorsambist fürbringen, drüber gebührlicher resolution erwartten, vnnd dann drauf was vnser oder vnsers Administratorn Schluss vnnd beuelch, oder sonsten nottwendig sein würdet, zu werkh seczen.

Confinia Croatica etc. archiduci Ferdinando concredita et correspondentia cum eodem.

Vnnd solle hiebey zum vierdten fürnemblich vnnser Hofkriegs President vnnd Räth drauf gedacht vnnd drob sein, auf dass bey vnserer Inen zugeordneten Canzley vnnd Registratur gleichsfalss guete ordnung gehaltten, zumal aber vmb besserer richtigkhait vnnd vermörkhens willen bey vnsern Kriegs Secretarien, sovil Immer müglichen, die Expeditionen vnd dass referirn zv gebür vnderschaiden vnd abgetailt werden, vnnd wan wir fürohin Jemanden bey vnsern Kriegs vnd Gränizwösen zu diensten annehmen, oder sonst ainen oder mehr ein vnnderhalttung, oder was anderst auf vnsers Hof Kriegs Raths gehorsambes fürbringen gnedigist verwilligen

Ordo Cancellariae, repartitio expeditionis inter plures Secretarios, et subscriptio decretorum per resolutionem Caesaris expediendorum a praeside ipso eum Secretario.

es sey dessen wenig oder viel, vber welches vnsere resolutionen vnd notturfften in vnserm Namen in forma Decretj wie bissher gebreuchig gewesen schrifftlichen aussgeferttigt werden müssen, so soll Er vnnser Hofkriegs Raths Präsident dieselben Jedesmalss neben ainen vnserm Kriegs Secretarj mit aigner handt vnnderschreiben vnd dabey auch vnser Kaiserlich Secret Insigl aufgetruckht werden.

Zum funfften Nach dem also vnsern Hof Kriegs Raths Präsidenten vnnd Räthen, alle vnnd Jede sachen so dem Kriegs vnd Gränizwösen anhengig obligen werden, vnnd aber dabey vnser Kaiserliche Hof Cammer wegen verordnung der geltter vnnd Zallungen, welche Ir von vnnss vertrautt vnnd vndergeben sein, gleichsfals dass Irig thuen, vnnd daher die fürnembsten sachen zugleich durch mitl baider Collegien Expeditionen vnd vertrewlicher zusambensetzung, bedacht, gehandelt, befürdert vnnd effectuirt werden sollen vnnd müssen, so haben wir unss hierin zumal in gnedigister erinder- vnnd erwögung, was nit allain solchen Puncts halber in sein vnnsers Hof Khriegs Raths vorigen Instruction einkhumben, sonder auch wegen der differenzen, die auss demselben, vnd sonsten,

Modus conferendi cum camera et differentia ratione praecedentiae.

zwischen baiden thailen bissher erwachsen sein, aines billichen gleichmesigen weegs vnnd modi, wie es diess orts fürohin solle gehalten werden, in gnaden vnd nachuolgender massen entschlossen. Nemblichen dass alles vnd Jedes, wo bissher vunser Hof Kriegs Rath gegen vnser Hof Cammer oder die Hofcammer gegen den HofKriegs Rath, der baiderseits praetendirenden praeminenz vnnd vor- zugs so wol der Session halber in disputat vnnd stritt gestanden, also auch, was etbo dissfals ain Collegium vor dem andern für behelff vnnd gerechtigkhait zu haben vermainen, oder auch von vorigen Kaisern empfangen haben möchte, allerdings beiseits geleget vnnd aufgehebt, hingegen baide Collegia von vnss zu gleichen gradum allergnedigist declarirt, vnd auch vber dass was berait absonders geschehen hiemit nochmaln solle beuohlen sein, dass Sy von nun an vnnd hinfortt zu allen Zeiten also erkhent, geachtet vnd respectirt werden.

Also solle auch was die Session betrifft, vnnder baiden vnnsern als dem Hofkriegs- vnd dem Hof Cammer Präsidenten In vnd ausser Raths, so in berathschlagungs zusamenkhunfften, so auch in allen anndern publicis vnd priuatis actionibus vnnd verrichtungen (darzu Sy zugleich gezogen werden oder Sy sich sonnsten dabey befinden möchten) derjenige, welcher ehender zu seinem Presidenten Ambt vnnd dienst angenumben, vnnd sein Pflicht gelaistet haben würdet, dem andern alzeit vorgehen, vnnd dises zwischen den Räthen baider Collegien auf gleichen weg (doch den Standt nach zuuerstehen) gehaltten werden.

Wann vnnd so offt aber in Kriegs vnnd Gränitzsachen aussgaben fürfallen, also dass vunser Hof Kriegs Rath für höchstnotwendig befinden würdet, dass man Paares gelt wahren oder anderss zu beczalung der ordinarj Gräniczen oder andern im dienst verhandenen Kriegsvolckhs, oder auch auf neue werbungen, Item Verlag vnnd fürsehuug an Proviant, Zeug, munition, Paw, Arsional, Schiff vnnd Pruckhwesen vnnd was dergleichen mehr betrifft, bedürfftig sein will, in dem ist vnnser gnedigister will vnd mainung, dass vnnser Hof Cammer vnd Hof KriegsRath von denen mitln, ob woher vnd wie weit man damit khunne aufkhumen, zugleich mit einander vertrewlichen reden vnnd berathschlagen, doch dass diss weil es ohne mitl ain gelttsachen betrifft auff vnnserer Hof Cammer beschehe, dahin sich dan vnser Hof Kriegs Raths President vnnd Räth, wan sich baide Presidenten dess tags vnnd stundt der zusambenkhunfft werden verglichen haben, befinden, vnnd nachgehalttener beratschlagung auch die Hofcamer die notturfft vnnss oder in vnsern abwösen, dem geordneten fürstlichen Gubernatorn vnnd· dess Kriegs vnnd Graniczwösens Administratorn zu ferern entschluss gehorsamhist fürbringen, doch hernach der darüber volgenden resolutionen den HofKriegs Rath jedesmalss alspaldt zur nachrichtung erindern solle. Wiederumb wo vnnd sobaldt die sachen dahin gericht vnnd gebracht sein worden, dass man auf ain oder die annder notturfft mit geltt, wahren, oder andern zu dieser oder jener aussgab, vergwist, vnnd gefasst sein khan, solle zwar von der disposition, vnd wie alles vnnd Jedes, aufs beste und nueczlichist, angewendt vnd aussgetailt werden möchte, baide Collegia, alss Hof Cammer vnd Hof Kriegs

Rath, auch zugleich vnnd vertrewlichen beratschlagung drüber haltten, die zusambenkhunfft aber (nach ebenmessigen verglichnen Tag vnnd stundt) auf vnnsern Hof Kriegs Rath geschehen vnnd von demselben auch in diesen die notturfft bey vnnss oder vnnsern geordneten fürsstlichen Kriegs vnnd Gränizwesen Administratorn zu entlicher gnedigisten resolution fürgebracht, vnnd hernach derselben die Hof Cammer gleichsfalss zum wissen erindert werden.

Was sonst dass Obrist Profiandt Ambt, mit den darzu gehörigen officirn belanngt, soll dasselbe, weil es mehrern thails der Wirtschafft vnnd Raittungssachen vnderworffen und anhengig ist, mit der direction bey vnnserer Hof Cammer verbleiben, doch auch Sy die Hof-Cammer alle vnnd Jede Profiant, fürnemblichen die Traidt vnnd Weinkheuff in beysein, auch mit vorwissen Rath vnnd guetachten vnnsers Hof Kriegs Raths handlen vnd schliessen, vnnd so offt auch sonsten Er vnnser Hofkriegs Rath von Ir der Hof Cammer bericht vnnd beschaffenheit von den vorhandenen Vorrath oder den mengln bey den Profiant Ämbtern bedürffen vnd begeren wirdet, demselben Jederzeit alssbaldt vnd vnwaigerlichen volgen lassen.

Sollen derowegen hierauf vnser Hof Kriegs President vnd Räth sich Ires thails nach disem richten, die fürfallenden Beratschlagungen Expeditionen vnnd notturfften zu vnnsern vnd gemeines wösens erprisslichen nuez vnd befürderung Jederzeit anstöllen, vnnd dabey in albeeg mit vnnserer Hof Cammer gueter vertrewlicher Correspondenz vnnd gleichen vernehmens befleissigen, Allermassen wir auch offtermelter vnnserer Hof Camer ebenmessigen beuelich geben, vnnd derselben danebens dise vnsere gemessene genedigiste Resolution so wol als Inen vnsern Hofkriegs President vnnd Räthen geschehen, absonnders mit mehrern vnd gleiches Inhalts schrifftlich haben intimirn lassen.

Wass dann zum Sechsten vnnser ordinarj Zeug vnnd munition auch Paw, Arsional vnd Schiffwösen anraⁱcht, da werden zwar von vnnss, bey ainen vnd den andern Jederzeit besondere hohe vnnd andere officir, mit Iren vndergebenen Statts Personen vnnderhallten, sein auch gnedigist entschlossen Khunfftig dise Ämbter Jedesmalss vnnserer glegenheit nach mit tauglichen subiectis bestöllen zu lassen, Weiln aber dise alle mit Iren Verrichtungen one mitl zum Kriegs vnnd Gräniczwösen gehörig, vnnd eben darumben vnnser ordinarj Obrister Zeugmaister, Paw Commissarj Arsional Huubtmaa vnnd Schifmaister, Iren respect vnd gehorsamb, nach vnss vnnd vnsern Kriegs vnnd Gräniez Administratorn auf vnsern Hof Kriegs Präsidenten vnnd Räth haben sollen, so würdet Inen obligen bey sollchen officialn vnnd Ämbtern darob zu sein, das Sy Iren habenden Instructionen vnnd anvertrautten verrichtungen alles embsigen trewen vleisses vnd sorgfelttigkhait abwartten vnnd nachkhumben, Inmassen auch vnnser Hof Kriegs Präsident vnnd Räth Insonderhait für sich selbst von ainer zur andern Zeit Ir guetes aufmörckhen vnd erkhundigung hallten sollen, Welcher gestallt bey vnsern Wienerischen vnd auch allen Gräniz Zeugheusern, besonders auch mit dem Giess vnd Puluerwösen gehaust werde. Wass für Vorrath an Geschütz vnnd allerhandt munitions sachen vorhanden, vnnd abgehe, vnnd wie, auch woher, die mengl zu erstatten sein, Item wie man mit vnd bey den gepewen, deren man sich jeczs oder khünfftig zu befestigung vnnserer Statt Wien, oder der Gränitzortt auf vorgehende genuegsambe berathschlagung, entschlossen haben wirdet, handle, vnnd fürgehe, damit nichts zu nachtheil vnnd schaden fürgenumben oder versaumbt, noch verwarlost werde, wo sich dan in einen oder dem andern mangl vnnd gefahr erczaigen wollte, sollen sy dasselbe souil an lnen ist, vnuerlegt remedirn oder aber vnnss dessen in gehorsamb zeitlichen berichten.

Für dass Sibende wissen vnsere Hof Kriegs President vnd Räth, was vnnser Kriegs vnd Graniczwesen in mehr weeg für grossen vncosten vnd verlag erfordert, vnnd wie schwär man one diss mit der notturfft jecziger Zeit zumal auf den jüngstfürgangenen langwirigen offnen Türggen Krieg vnnd anderer geuolgten vnruhe, Sintemal dardurch vnsere aigene Camergefell vnnd einkhumben, so wol vnsere getrewe Landen vnd vnderthanen, vast aufs eisserist erschöpfft, vnnd erseigert (?) worden sein, gelangen khan, vnnd weillen auch von ainer Zeit her bey vnsern Kriegs vnd Gräniczwösen gleichfalss mit den bestallungen dess Kriegsvolckhs zu Ross vnnd Fuess, allerhandt vnordnungen schädlichen Neuervnd staigerungen gemacht vnd geursacht worden, also dass entlichen vnmüglichen sein würde auch bey gueten mitln mit den Vncosten zugevolgen, so haben wir vnss demnach sonderer gewisser ordinari Hof Kriegs Zeug Paw Arsional, Schif- vnnd Gränitz Kriegs Statt, souiel vnsere Gräniczen in ober vnd vnder Hungern sambt dem Baan Ambt in Windischlandt betrifft, also auch dabey mehr richtiger vnd moderirten vnderschiedlichen bestallungen vnd was demselben principaliter anhengig ist, drauf fürohin, dass Kriegsvolckh zu Ross vnd Fuess so wir von nötten haben möchten, geworben, vnnd auf billiche durchgehende gleichheit vnnderhaltten werden solle, in gnaden entschlossen.

Die vbergeben wir hiemit vnsern Hofkriegs-Presidenten vnnd Räthen vnder vnserer aignen fertigung mit disen vnsern lauttern genedigisten vnd ernstlichen beuelch, das Sy sich nit allain Ires thails mit khünfftigen anordnungen vnd Expeditionen allerdings darnach richten sonder auch dermassen darob sein vnd haltten sollen vnd wollen, damit in denselben, ausser wichtiger genugsamber vrsachen vnd Bedenggen, sonderlichen aber one vnser vorwissen, vnd gemessene gnädigste verwilligung, im geringsten nichts geändert noch gestaigert, oder sonst Jemanden darwider zu thun vnnd zu handlen, verstett noch zugelassen werde.

Vnnd fürnemblichen sollen zum Achten vnsere Hof Kriegs-President vnnd Räth bey vnsern Gräniez wesen dass vleissige aufmörckhen haben vnd dahin gedacht sein, ob sich gleich vber kurz oder lanng, ain sonndere feundtsgefahr, oder andere sorgliche leufften erzeigen vnnd derentwegen die vnvmbgengliche notturfft erfordern wurde, ain oder dass ander Gränitz ortt mit ainer mehrern anczall volckhs zu bestörckhen, dass doch in solchen fall vnser ordinarj Gränitz Krigs Statt nit geändert noch gestaigert sonder derselb in seinen esse gelassen, dassjenig Kriegsvolckh aber, dessen man also verstandenermassen zur Gränitzbestörcklung vonnötten sein möchte, extraordinarie bestelt vnd vnderhaltten, auch sobaldt sich die besorgende feundtsgefahr, oder vrsachen, drumben Sy sein aufgenumben worden, allerdings werden gemildert vnd accomodirt haben, dasselb alspaldt wider abgedanckht, vnd dardurch vergebene vncossten erspart werde.

Auf dass auch zum Neundten vnsere ordinarj Obristen an den vnderschidenen Haubt Gräniczen, Jedessmalss aigentliche nachrichtung haben mügen, Was für ein anczall Kriegsvolckh zu Ross und Fuess auch mit was Besoldung wir dieselben ordinariter zu vnnderhaltten vnss gnedigist entschlossen haben, sollen vnser Hofkriegs President vnnd Räth, allen gemelten vnnsern jeczigen vnd khünfftigen ordinarj Gränitz Obristen, Nemblichen dem Veldt Obristen in Ober Hungern, dem Obristen zu Vywar vnd der Perckhstetterischen Gräniczen dem zu Comorn, Raab vnnd der Canischischen Gräniczen, baan in Windischlandt vnnd baiden Craisshaubtleutten, diss vnd Jenseits der Thonaw abschrifft dess yeczigen Statts souiel einen Jeden wegen seiner vndergebenen vertrautten Gräniczen gebührt (welches auch Künfftig da wir ein veränderung darin fürnehmen vnd anordnen wurden gleichmessig geschehen soll) vnnder vnsern aufgetruekhten Khays. Secret Insigl, auch vnsers Hofkriegs-Presidenten, vnnd aines Kriegs Secretarj vnnderschrifft zu khumben lassen, mit der angehengten ausstrüeklichen andeuttung vnd inhibition, dass Sy die Obristen in solichen Statt für sich selbsten noch durch andere aignes willens vnd gefallens, weder an der Manschaft besoldungen oder andern daz wenigiste zu ändern, zu mindern oder zu mehren, oder auch sich der Musster Register anzumassen vnd drein zuschaffen, durchaus nit macht noch gewallt haben sonder da etho nach gelegenheit vnd vmb billicher vrsachen willen ainiche veränderung in den Registern zu thunn fürfallen vnd vonnötten sein würde, dass solches mit vnserm vnd vnsers fürstlichen Gränitz Administratorn vorwissen, vnnd dan durch vnsers Hof Kriegs President vnd Räth anordnung oder auch in wenigen sachen durch vnsere nachgeordnete Musster officir, doch allain nur bey den volgenden Musster vnnd zallungen, vnnd in albeeg ohne staigerung dess Kriegs Statts geschehe.

Ingleichen solle für dass zehende vnsern Gränitz Obristen so wol leren vnndergebenen Obristen Leuttenandt, haubtleutten vnnd anndern die hochen vnd fürnehmen beuelich vnd dienst, über vnnser Kriegsvolckh zu Ross vnnd Fuess alss sonderlichen die Obristleuttenandt stöllen, Ober vnnd anndere haubtmanschafften, Rittmaister, Leuttenandt, Fendtrich, Wachtmaister, Schulttes Prouoss, Ober vnnd vnnder Weydaschafften, wen sich die verledigen wurden selbst zuuergeben oder ainem vnd dem andern mehrern vnderhallt vnd vortl, alss wie die einmal in vnsern ordinarj Kriegs Statt vnd in den Musster Registern drauf einkhumben, zuuersprechen oder zu machen, genzlichen verbotten sein, Sy mugen aber zu dergleichen beuelchen vnss oder vnnsere Kriegs vnnd Gränitzwösens Administratorn taugliche Personen darzu benennen vnd fürschlagen vnd alss dann darüber die ersten vnnd weittere verordnung durch mitl vnsers hofkriegs Presidenten vnnd Räthe, welche vnss oder vnnsern Administratorn die notturfft desswögen Jederzeit gehorsamblichen fürzubringen wissen werden erwartten, vnd Inmitls die verledigten stöllen vnnd beuelch durch andere verwalttungsweiss versehen lassen, dabey auch vnser hofkriegs President vnnd Räth dises obseruirn solle, dass fürohin den beuelchshabern vnnd zwar auch den Obristen selbst ausser erforderung oder ono gemessene vnsere oder vnnsers Hof Kriegs Raths erlaubnus (die dann allain vmb genuegsamber erhöblichen ehehafften willen ervolgen sollen) sich von den Gränitzen vnd Ieren Beuelchen zu absentirn kaineswegs verstatt werde.

Zum Ainlifften sollen vnnser Hof Kriegs President vnnd Räth, sowol Jeczt alss ins khunfftig, dahin gedacht sein, dass alle die Jenigen Vortls Luggen, Namen vnd Besoldungen welche von solchen Personen genossen werden, die selbsten Kaine ordinarj Gränitz Kriegsleutt sein, oder an denen ortten, wo Ire vnderhalttungen in den Gränicz Kriegs Statt vnd Musster Registern einkhumben, weder stettigs zur stöll noch in würcklichen Gräniczdiensten sich befinden, vnuerschont ains oder dess andern allerdings ab: vnnd eingestöllt werden, allermassen wie auch hiemit alle solche Namen und Vortls Luckhen nit weniger auch die so andere auf wartten und Luggen denen sich die Obristen und etliche Bevelchshaber ausser Ieres Statts und Ordinarj Underhaltt bisher selbsten angemast genzlichen aufgehebt, auch dieselben in den Registern alspaldt abzuthuen, und fürohin dergleichen zu verhüetten, gnedigst und Ernstlichen Bevohlen haben wollen.

Solle es fürs Zwölffte etbo mit der Zeit zu ainem offnen Veldtzug khummen, und das die notturfft erfordern, dass ain oder mehr unserer zum Kriegs und Gränizwösen bestöltte Ordinarj Räth, Officier und Diener, oder auch thails unsers ordinarj Gräniz Kriegsvolkhs ins Veldt geführt, und darin gebraucht, Inen auch umb desswillen die billiche Veldtzuepuess geraicht werden müsse, So würdet unnsern Hof Kriegs Presidenten und Räthe alssdann obligen Ir aufmörckhen zu haben, damit ain und des ander für Abraitt und bezallung solcher Zuepuess, allain auf die Zeit, so lang Jeder zu Veldt gewesen und gedient hat, volge, und dissortts weittere Passirung der billigkhait nach verhüett bleibe.

Insonderhait ordnen wir zum dreyzehenden genedigist und wöllen, dass unser Hofkriegs President vnnd Räth mit allen Ernst drob sein und hallten sollen, damit fürohin auf allen und Jeder unsern Gräniz Vesstungen, Heussern unnd Orttfleckhen, die Altherkhumbene Gräniz Ordnung und gebrauch meres observirt, und zuvorderist die Obristen und deren nachgesezte Bevelchshaber, dahin gehaltten werden, dass Sy in allen und Jeden allein bey dem, so viel Inen geburt, vnnd lere bestallungen und Instructionen aussweisen, verbleiben, und zumal den Zeugs, Arthollerey, Profiant vnd Pau Officirn Kheinen eingriff thuen, noch Sy in dem, was Ire dienst und Pflichten mit sich bringen verhindern und Sperren, wo Sy aber was ungebührliches von ainem oder dem andern dergleichen officirn vermörckhen würden, mügen Sy solches zugebürender remedirung an Iere fürgesezte Obrigkhait als Erster Instanz, oder da es von

nötten, gar unss oder unserm Hof Kriegs Rath berichten, unnd also sollen auf
allen unsern Gränizen, nach vnss und vnsern Hof Kriegs Presidenten vnnd
Räthen durch die Obristen vnd Iren nachgeordneten allain dass Kriegs Volkh,
die Zeugs und Arthollerey, Item die Profiant und Paw Officir, diener und sachen,
aber durch vnnsere ordinarj Obriste Zeug: und Profiandtmaister, auch Paw
Commissarj (wie es ainem Jeden seiner habenden Instruction nach gebürt)
gubernirt vnd dirigirt werden.

Ferner und zum vierzehenden, nachdem unss fürkhumbt, dass sich die
Teutschen Haubtleutt, auf unnsern Gränizen der Bewehrung Irer unnderhaben-
den Knecht, Wann und so offt sich mit denselben Veränderungen begeben, oder
die abkhumbene Luggen müssen ersezt werden, anmassen und aber solches one
mitl wider die Gränizbrauch, unnss auch one dass nit gemaint ist, dise neuerung
und eingriff zu gedulden, Alss sollen unsere Hof Kriegs President und Räth
daraufgedenggen, auch bey unsern ordinarj Obristen Zeugmaister Ambt, die
Anordnung thuen, dass dergleichen Bewehrungen fürohin auf unsern Graniz
Zeugheussern geschehen mögen, und hergegen bei den Haubtleutten, weittere
anmassung derselben alssbaldt und unverschont, alss ain unzulässige sachen,
mit Ernst und würckleichen eingestölt, auch ins khünfftige khainen mehr verstatt und zugelassen werde.

Zum funfzehenden ist uns nit wenig bedennkleichen und laufft auch wider
alle ordnung, dass man etbo vor diesem thails unserer Ordinarj Gränitz Obristen
bei der Muster und Zallung Ires untergebenen Kriegsvolkh selbsten zu Commissarien deputirt und Inen auch die disposition der geltter und wohren einge-
raumbt hat, Solle derowegen unser Hofkriegs President und Räth darauf gedacht
sein, das dergleichen und andere ungewönliche breuch ins khunfftige verhüet
bleiben, so offt aber von unss ain Summa Geltts und Tuech zu bezallung ain
oder dess andern ordinarj Gräniz Kriegsvolkhs verschafft, und der disposition
und ausstailung halber (wie nemblichen solche aufs nutzlichist geschehen
khünne) die notturfft obverstandener massen vorher auch mit unserer Hof Camer
beratschlaget und vergleichen, unnd dann dasselbe von unss oder unsern Kriegs
und Gräniz Administratorn ratificirt sein würdet, sollen alssdann nach Gelegenheit andere Commissarj und Muster Officier darzu geordnet, Inen bei unserer
Kriegs Canzley die Instruction darauf verfasst und gefertiget, doch in diselb
vor der ferttigung auf unser Hof Cammer zum wissen, Sy ferner solche unserm
Kriegs Zallmaister (damit Er die nottwendigkhait zu seines Ambts richtigkhait
dabey anmelden khünne) zum ersehen Communicirt, und also entlichen über den
Schluss und aussferttigung zumal auch ob unnsern Commissariis und Muster
Officiern (hindan gesetzt alles respects) der gebühr und unser notturfft nach,
krefftig gehaltten und handtgehabt werden.

Wir wollen auch fürs Sechszehende, dass bey allen und Jeden unserer
Gräniz Zallungen, die Ordentliche Musterungen (darunter dan gleichsfalss alle
unsere Gräniz Obriste Ire eigene Statts Personen fürzustöllen schuldig sein

sollen) fürgenumben, unnd die geltter und was sonst in Tuch oder andern wahren darzue verordnet würdet, jedesmalss erst nach derselben Verrichtunge, und zwar auch ains und das ander dem bissher erhaltenen Gränitzgebrauch gemess auf unserer darzue deputirten Commissarien und Muster Officir vorher gemachten, unnd unnderschriebenen Zall Statt, durch die Zallungs Officir und Diener, von der Handt auss, dass ist ainen Jeden (von den höchsten biss zu den wenigisten) sein gebühr selbst geraicht werde, dabey wir auch dises gnädigst wollen anbevohlen haben, wan und so offt etbo zwischen den Zallungszeitten auf ain oder dass ander Kriegsvolkh ordinarj oder andere Geldtlehen verordnet würden, dass man dieselben ainich und allein durch unsere verpflichte Muster Officire und Veldtschreiber, doch der vorher gemachten Ordinanz und Verzaichnuss gemess, solle ausstaillen lassen.

Auf dass man aber im Sibenzehenden von ainer zur andern Zeit guete Wissenschaft und nachrichtung haben müge, wie es auf unsern Granizen mit den unterschidlichen Muster Registern beschaffen, und mit was anzall Kriegsvolk man gefasst seye, sollen unser Hof Kriegs President und Räth, alle und Jede unsere geschworne Veldtschreiber auf unsern Gränizen mit Ernst dahin haltten, und darzu verpflichten lassen, dass Sy zu desselben Hannden fürohin, zum wenigisten Monatlichen, und Jedes Monat besonder, Ordentliche und von Inen underschribene Verzaichnussen (in welchen die Vacantzen und alle Veränderungen, so bey Iren vertrauten Musster Registern ervolgen, oder was Sy sonnsten ungleiches, bey den Bevelchs- oder Kriegsleutten . . . . und vermörkhen würden, specificirt sein sollen) überschickhen, dahingegen auch unser Hof Kriegs President und Räth, Sy die Veldtschreiber, wie auch alle unsere Musster Officir, auf alle fäll, oder gebür nach, zu schüzen, und ob Inen Hand zu haben wissen werden.

Für dass Achtzehende, obwol alle unsere ordinarj Musster officir dahin bestöllt sein, dass sie alles dassjenige, was In Iren Ambts und dienstverrichtungen, da oder dorten fürfallen möge, volziehen müssen. So wollen wir doch gnedigist, und sollen unser Hof Hriegs President und Räth, darauf gedacht sein, das so viel möglich, Jeder fürnemblicher in denen Gränizverrichtungen dabey Er etbo die maiste Zeit herkhumben, und derselben gelegenhait, sowol der Kriegsleutt bekhant ist, umb bessers aufsehens willen, gebraucht und gelassen werde, Etlichen und fürs Neunzehende weil neben allen andern auch an dem besonders viel gelegen, dass alle unnd Jede ins Künfftige zu den Gränitz Muster- und Zallungen abgeordnete Commissarij und Muster Oflicir, nach deren Zuruekhkunfft, nit allain über Ire anbevohlene und volbrachte verrichtungen, sondern auch in den, wass Sy etbo zu unsern Nachtheil oder guelen Nucz befunden oder vermörkht haben mochten, gebürende relation und bericht, neben doppelt geferttigten Muster Registern, übergeben, Alss werden demnach unser Hof Kriegs President und Räth dieses Jederzeit mit Vleiss anzubevehlen, nit weniger auch dabey dahin zu gedenkhen, und zu observirn haben, dass Sy Ires thails alle und

Jede dergleichen von den Commissarien und Muster Officirn einkhumbene Relationes und bericht, one andern aufschueb ersehen, und zu Rath ziehen, unss oder unsern Kriegs und Gräniz Administratorn, dassjenig so vonnötten sein wirdet, darüber in gehorsamb fürbringen, gleichsfalss unserer Hof Cammer, dass so Ir zur Nachrichtunge, zu wissen gebüren will, Communicirn, und dann auch die Mussler Officir der ervolgenden erledigungen, sovil Ir Ambt und dienst betrifft, und damit Sy zu Jederzeit, über dass, so den ordinarj Graniz Kriegs Statt, auch den fürfallenden Zall- und Abraittungen anhengig ist, auf erfordern desto gewissern Bericht und guetachten geben khünden, erindern lassen.

Dass Übrige, Sintemal je nit alles auf ainmal in ain Instruction zubringen ist, wollen wir unsern Jezigen und khunfftigen Hofkriegs Presidenten und Räthen in Ir Discretion gestölt haben, die werden unsern gnedigsten Vertrauen nach, Inen alles und Jedes neben obstehenden, zu unsern und gemeines wösens bösten, Irer gueten vernunfft, verstandt und dexteritet nach, mit höchsten vleiss und ciffer Jederzeit angelegen sein lassen, darunder unsern nucz und frumben bedenggen, handlen und befürdern, den verspirenden schaden unnd Nachtheil aber aller mügeligkhait nach wenden und verwarnen, und Summarie das thuen und erzeigen, was Trewen gehorsamben Räthen in allen Fällen gegen unnss alss Iren Herrn und Kaiser zu thuen obligen und gebüren will. Und wir sein solches gegen Inen gesambt und sonnders mit Khayserlichen gnaden zu erkhenen gemaint, Sy volbringen auch hieran unsern gnedigsten entlichen willen und mainung. Geben 14. November 1615.

Dise Instruction ist den 11. September 1615 von Khayserlicher Majestät selbsten allerunderthenigst fürgebracht, ... abgelesen worden in beysein der Herrn Gehaimben Räth, nemblich

Herrn { Bischofs
von Meggau
von Lamberg
von Harrach

und Herrn Seyfridt Christoph Preyners etc.
placet Caesari und soll also bei der Hof Canzley aussgeferttigt werden.

Von Aussen:
Neue Instruction für das kaiserliche ordinarj Hof Krigs Raths Collegium. 1615.

XVIII.

Kay. Kriegs Mandat vnd Instruction wornach sowol dass Löbl. Quardier Directorium vnd Ober Quardier Commissariat, alss auch die gesambte Soldatesca sich Reguliern solle, vom 19. Martij Ao. 1647 auss Prespurg.

Wir Ferdinand der Dritte von Gottes Gnaden Erwöhlter Römischer Khayser zu allen Zeiten Mehrer dess Reichs, in Germanien, zu Hungarn,

Böheimb, Dalmatien, Croatien vnd Schlavonien etc. Khönig, Erzherzog zu Össterrich, herzog zu Burgundt, Steyr, Kärndten, Crain vnd Württenberg, in ober- vnd nider Schlesien, Markgrafe zu Mährern, in ober- vnd Nider Laussnicz, Graff zu Tyrol vnd Görz etc.

Geben vnsern getreuen gehorsambisten Landtständten, absonderlich dem Quartiers Directorio, vnd ober viertl Commissarien, in vnsern Erzherzogthumb Össterrich vnter der Enss, wie auch aller vnsere daselbst befindtlichen Khays. Khriegsvölckehern Hochen officirn Obristen, Obrist leutenandten, auch andern Officirn, nit weniger allen gemainen Soldatten zu Ross vnd Fuess, keinen daruon ausgenohmben, Hiemit in gnaden zuuernehmben.

Ob wir zwahr auss tragender gnädigisten vätterlichen Sorgfaldt vnd lieb zu ermelten vnsern Erzherzogthumb Össterrich vnter der Ennss nichts mehrers vnd höchers verlangen vnd wintschen möchten, alss dass wir nicht allein dises, sondern auch all anderer vnserer Erbländ, nach so vill aussgestandenen Khriegesbeschwehrnussen, Quartierung, Durchzug, freywilligen Contributionen, So sie nun vill Jahr Nacheinander allervnterthenig, vnd trewwilligist dargeschossen vnd hergegeben, von ferneren Khriegs vngelegenheiten, vnd Winterquartieren genczlich verschont vnd enthebt sehen, vnd sie dardurch in etwass widerumb empohr Khomben, vnd respiriren Khönten, so will Jedoch der gegenwertige Zustand dess Khrieges vnd Conseruation vnserer auf dennen Panier habendten Völckhern ein anders, vnd zwahr dises vnumgenglich erfordern, dass selbige dises Jahr widerumb auf drey Monathlang in vnsere Erb Khönigreich vnd länder, vnd darunter auch etliche Regimenter vnd Compagnien zu Ross vnd Fuess, sambt zwayen Generals Persohnen, in gemelt vnser Erzherzogthumb Össterrich vnter der Ennss einquartiert, auch mit dem gebührendten vnterhalt vnd paga verpfleget vnd versehen werden. Damit aber durch dise einquartierung vnsere länder, über die zuuor vom feindts vnd freündts völckhern villföltige aussgestandene trangsahlen vnd ruin, nicht noch ferners Muthwilliger weiss verhörgt, verderbt, aussgeplundert, vnd genczlich zu grundt gerichtet sondern zu haltung gueter Disciplin vnd ordnung in esse verbleiben, vnd also, dass der Soldat mit dem landt, vnd disses mit jenem zugleich ausskhomben vnd bestehen möge. Alss haben wir disse vnsere offene Patenten Publicirn, vnd dem Quartiers Directorio vnd ober viertl Commissarien, sambt vnd sonders auf Nachfolgende Puncta fleissig vnd embssige obacht zugeben, gnedigist auftragen vnd anbefehlen wollen.

Vnd zwar fürss Erste, da ein oder andre Regiment Compagnien oder Troppen in dass landt zu Marchirn, alda zu logieren oder durchzuziehen befelcht wirdt, sollen deren Commendanten allezeith gewisse Rollen, wie starckh sie in Dienstleüth, Tross vnd Bagagi Pferdten sein, mit diser erklerung einhendigen, dass wer den landt eine falsche Roll eingeben werde, derselbe gleichmessige bestraffung zu gewartten haben soll, Alss der, so solches gegen dem General Quartiermeister Ambt verüben thet.

Fürss Andere, sollen Alle ankhomende völkher, ohne einige difficultet vnd waigerung, die iehnigen Quartier beziehen, welche ihnen von dennen Geordneten Ober- vnd viertl Commissarien dess landts assigniert werden, Massen wir dann, die Competier vnd einthaillung selbiger Quartier vnsern getreuen Ständten, mit zuethueung dess von vnss gnedigist bestelten General Commendanten im landt gnedigist vberlassen, dergestalt, dass so woll die Generals Persohnen, alss auch alle Hoch vnd Nidere officier vnd Gemaine Khnecht, sich nit allein bey ihren anzug vnd vnbernehmung auf dennen Grániczen, gedachter ober-viertl Commissarien in dem ganzen landt gemachten auss- vnd einthailung nach, einlossieren vnd also gleich abthaillen lassen, sondern auch in allen andern sich Ihrer der Commissarien Quartiere vnd verpflegungs Disposition auch der darauf gerichten Ordinanz nach verhalten vnd geleben, oder im widrigen allen excess an ihrer gebühr, die sie sonst zu fordern hetten, defalciern sollen.

Drittens, sollen in ein- vnd aussziehung der völckher, die landt viertl Commissarien Macht haben, die March dergestalt zu befördern, dass ieder von der Reütterey oder Fuessvolckh seinen ordentlichen Tagsmarch, so vill immer möglich, verrichte, vnd die verordneten Nachtquartier, ohne widerred, auch mit vnnothwendigen Rasstägen, die Quartier nit belästige, doch aber mit diser beschaffenheit, dass bey den Commissarien die zeit, wetter, vnd weg in acht genohmben, vnd die völkher nit zu schadn angetriben, vnd hierunder ieder zeith, wo es sein Khon, mit dem General Commendanten correspondiert werde.

Viertenss werden bemelte Commissarien Kheineswegs verstatten, dass einer oder der andre hocher oder Nider officier, wie auch gemainer Soldat, es sey in Winter oder Sommer verpflegung, dass Quartier beschwere oder wider die publicirte verpflegungs Ordinanz auf ein oder andere weiss zuwider denen von vnss diss orths ergangenen Patenten, im geringsten handle, da aber einer oder der ander, auf Freünd doch Ernstliches vermahnen, sich nit corrigiren wollte, solches dem General Commendanten dess landts zu billiger Bestraffung vorzubringen, Jedoch versehen wir vns gnedigist, es werden die Commissarien ieder zeith dahin bedacht sein, damit dennen völckhern dass Ihrige gereicht werde.

Fünfftens soll Kheines weegs zugelassen werden, die Proviandt, welche einem oder dem andern Regiment oder Compagnie von der Ferne assignirt, in Geldt anzunehmben, angesehen, dass neben dem Geldt gleichwoll die Proviandt auss Quartiern erzwungen wirdt, iedoch soll von den Ständten, vnd deren Commissarien dise Moderation gebraucht werden, dass Mann die Völckher mit ihren assignationen nit gar zu weit verweise, denn auf solchen fahl muess denen Völckhern die Proviandt entweders zuegeführt, oder auf Geldt mit Ihnen tractiert vnd verglichen werden.

Sechstens, die insolenzien so von dennen landt vnd viertl Commissarien denen Commendanten in den Quartiern vorgebracht werden, sollen Ernstlich bestrafft oder auf dessen vnterlassung selbiger Commendant ferneren General Commendanten benent werden, der so dann die bestraffung am rechten orth vorzunehmben wissen wird, absonderlich aber soll der Commendant mit höchstem Ernst darob halten, damit der Künfftige anpaw der Veldter nit verhindert, die liebe Saat nit verwüstet noch das Grass vnd Khünfftige Ärndt auf den wisen nit abgeödet oder abgerärzt werde, dardurch dann nit allein das landt in höchsten schaden khomben, sondern auch die Soldaten selbst, Khünfftig wegen dess abgangs dessen entgelten muessen.

Sibenden, seint einiger Geldt pressurn wie die Namben haben mögen, nit zuuerstatten, sondern alsobaldt anzuzeigen, ess sey wer Er wolle, hoch oder Nidrige Officier, welche auf Übertrettung zu der restitution gehalten, auch anderwerts gestrafft werden sollen.

Zum Achten, die gar zu vberflüssigen Ross vnd Tross in den Quartieren, sollen nit passiert, sondern da die Verpflegung wider die Ordinanz darauf gesuecht werden wolte, solches dem General Commendanten dess landts angezaiget werden, welcher dann darauf gebührende billiche remedirung obvermelter Ordinanz gemess thun soll.

Neunten, sollen ebenmessig die vbrigen vorspahn nit passirt, sondern so vill bloss die vnentpörliche notturfft erfordert, von einen Nacht Quartier zum andern verschafft, auch vnaufgehalten zurueckh gelassen, vnd auf begehrn ohne entgeldt Conuoyrt werden.

Zechendens, soll ainiger Troppen ess sey zue Ross oder fuess vnter wass Commendanten ess woll, der einzug in dass landt, Er hab dann gemesseno vndisputirliche Ordre, nit verstattet vill weniger die Quartier oder verpflegung darauf gegeben, sondern der Commendant so also ohne Ordre einbrechen wolt. solle alsobalt dem General Commendanten dess landts angezaiget werden, welcher nit allain dass, so Er auf solchen fahl im landt verhört, ordentlich zu bezahlen, sondern sich auch auf verordnung der Commissarien alsobalden auss dem landt zumachen, bey vnaussbleiblicher hoher Straf schuldig sein soll.

Ailfften, bey aussziehung iedes Regiments oder Compagnie, soll der darbey vorhandene höchste officier, so die ausziehende Völckher commendirt, auf begehrn der ober viertl Commissarien dess landts auf denen Gränizen einen rendevous machen, vnd sie Commissarien darbey wass etwoh für Klagen verhandlten dem Commendanten vorbringen, derselbige auch, so dann ohne ainiger widerrödt, nach beschaffenheit der sachen, ausrichtung thuen, sonderlich aber da etwa hinweggenohmbene Pferdt oder Viehe angesprochen wurden, auf erfindenten Grundt alsobaldt die restitution verschaffen, da aber die sach nit alsobalt Klar gemacht werden Könt, soll der Commendant schuldig sein, den beklagten oder anstatt dessen ein genuegsambe Persohn, biss zu ausstrag der sachen vnd zuuersicherung der billichen Satisfaction zu hinderlassen.

Zwölfften, woss in die vnterschiedliche Quartier zuezuführen vonnöthen, dass soll auf begern allzeit von thailss deren völckhern welche solche Zuefuhren

(Firnhaber.)

genüessen, ohne vnkosten vnd ainyger vngelegenheit hin vnd wider Conuoyrt werden, damit ausstragender beysorg dass die arme leuth ihre züg verliehrn möchten, die zuefuehrn nit zuruckh bleiben, vnd also der Mangl der Proviandt durch die völckher selbst vervhrsacht werde.

Dreyzeehenden, sollen ermelte landt vnd ober viertl Commissary auch Macht haben, durch assistenz dess General Commendanten im landt die Soldatesca, vnd sonderlich die Commendanten dahin anzutreiben, dass ieder sein assignirtes Quartier vnd zuefuhrsorth, zu dorff vnd waldt schuze, vnd weder Seinen Vntergebenen, noch andern frembden Partheyen, ainigen Mutwillen verstatten, sonsten der Officier den dardurch entstehenden schaden selbst zuerstatten schuldig, vnd noch unaussbleibliche Straff darüber Zuerwartten haben soll.

Es sollen auch fürs Vierzehende alle officier dahin verbunden sein, wann frembde officier Zu ihnen Kommen, die Mallzeithen vnd Gastereyen im Essen vnd drinckhen also anzustellen, damit selbe ohne ainigen entgeldt dess Quartiers, vber die gewöhnliche verpflegungsordinanz nit beschehen.

Weillen auch zum funfzechenden, an besuechung der Quartier vnd in acht nehmung der Khriegs Disciplin sehr vill gelegen, Alss soll vnser bestelter General Commendant, auf ersuechen der Commissarien verordnung thuen, damit durch den General Profossen vnd ihmb adiungirte taugliche leuth, die Quartier visitirt, die Strassen battirt, vnd wider die Delinquenten, mit erhaischendem Ernst procedirt werde.

Sechzechendten, soll sich Keiner vnterstehn, bey denen Tonnawposten, vnd allen an- vnd auffahrts orthen ainige Schäz- vnd obmauttung daselbst aufzuschlagen vnd einzufordern, bey vermeidung vnserer höchsten vngnad vnd vnaussbleiblicher Straff.

Vnd obwoll fürss Sibenzechende die Magazin billich in gueter obacht zu halten, vnd ohne cüsseriste Noth nit anzugreiffen, so seint wir doch gnedigst zufriden dass auf vorfallende eylendte Noth denen landt Commissurien erlaubt werde, auss denselben, iedoch gegen förderlichster vnd vnfalbahrlichster erstattung die Proviandt zu nehmben vnd die völckher darmit Zuuersehen.

Wir werden auch Keines weegs ermanglen, wann Völckher in dass landt ein- vnd aussgeführt werden sollen, dessen ieder Zeith dass Quartier Directorium zeitlich Zuerinnern, damit die behörigen Nottdurfften in Acht genohmben werden mögen.

Welchem allen vnsere vnterhabende hoche vnd Nidrige officierer, gemaine Soldaten vnd Tross, gehorsambst nachzukhomben, vnd sich der auf ein wideriges begünen gehöriger Straff zu entheben wissen werden, dann wir vnuerenderlich entschlossen, gegen die Vbertretter alless ernst, auch nach befundt der sachen mit leib vnd lebensstraff zuuerfahren. Geben auf unserm Khönigl. Schloss zu Pressburg den Neunzechendten Monatstag Marty, Im Seehzechenhundert

Sibenvndvierzigisten, vnserer Reiche, dess Römischen im Ailfften, dess hungarischen im Zwaivndzwainzigisten, vnd dess Böheimbischen im Zwainzigsten Jahr.

Ferdinand m. p.

W. Herzog zu Sagan m. p.

Ad mandatum Sacrae
Caesareae Maiestatis proprium.
Jo. Geörg Pucher m. p.

Orig. Papier mit aufgedrücktem Siegel. v. Latour.

XIX.

Instruction für den Hofkriegsrath.

10. Febr. 1650.

Ferdinand der Dritte von Gottes gnaden Erwöhlter Römischer Kayser zu allen Zeitten Mehrer dess Reichs etc.

Instruction und Bevelch Wass Unsser jeziger Hoff Khriegs Raths Präsident und Räthe von Unssertwegen handlen und verrichten sollen.

Und zwar anfenglich, Haben Wir zu Unserm Hoff Khriegs Raths Präsidenten erkhiest den Hochgebornen, Unsern Oheimb, Fürsten, und Lieben Getreuen, Wenzeln in Schlessien Herzogen zu Sagan, Fürsten und Regierern dess Hausses Lobkhowicz Fürsten, Graven zu Sternstain, Herrn zu Holleschau, Cauniz, und Raudniz an der Elbe, Rittern des Guldenen Flüsses Unsern Geheimben Rath, Cammerern, und Veldtmarschalkhen etc. Umb dessen Unss bekannten genuegsamben geschickhlichkeit, Vernunfft, und nun mehr von Vilen Jahren her erlangter erfahrenheit, auch alle Zeit absonderlich verspürten Vleyss, und erzeygten getreuen devotion, und eyfers, in Unssern angelegenen Sachen, Wie Wir dann dass gnädigiste Vertrauen in Sein Liebden stellen Sy werden Ihnen disses Ambt, und Raths Collegium, Wie auch die darbey fürkhommente negotia nach allem Ihrem bessten vermögen zu Unssern Gnädigsten Gefallen, Und deroselbst aigenen Lob, und Nachruehmb angelegen sein lassen.

Und demnach sich zuetragen möchte, dass sein dess Fürstens Liebden nit allozeit an Unsserm Hof, oder Wo unsser Hoff Khriegs Rath gehalten wirdt, anwesent, oder aber sonsten verhindert sein möchten, diesemnach, und damit gleichwohl auch in derer abwesenheit ein beständiges, und stätes Directorium bey Unsserm Hof Khriegs Rath sey, haben Wir vor ein Notturfft erachtet, auch einen Vice Präsidenten zu bestellen, und Unss hierzue auf des Wohlgebornen Unssers Lieben Getreuen Walthern Graw Lesslie auf Neustatt, Unssers Hof Khriegs Raths, Cammerers, Trabanten Quarti Haubtmans, Obristen Veldtzeugmaisters und bestelten Obristens Persohn gnädigst resolvirt, Welcher in Abwesenheit dess Präsidenten in dem Rath das Directorium zuführen, die Ansag, Umbfrag und wass sonsten vonnöthen, zuverrichten habe.

Verners und Weilln Wir der Zeit mit einer grossen Anzahl der Hoff Khriegs Räthe beladen sein, die menig aber nichts anders, alss wenige verschwigenheit, und sonsten allerlay Confusiones mit sich bringt, so wollen Wir zwar allen denen so an- und auffgenommen worden, die Stölle, und Ehr nicht benemmen, sondern wie bisshero, also auch fürtershin noch gnädigst lassen, allein zu dem würkhlichen Rathgang und Sessionen Wollen Wir verordnet haben, neben dem Präsidenten und Vice Präsidenten noch fünff Räthe (darunter der hiessige jezige Statt Obrister und Obrister Leütenant, Weiln sye stättigs hier zu stöll, und an der handt zu sein haben zuuerstehen), welche nach dem Alter, wie sie auffgenommen und also allezeit die Eltisten in dem dienen sein sollen, doch Wollen Wir die darunter nit verstanden haben, welche entweders mit Unssern Gränizdiensten so eine Würkhliche Residenz erfordern, oder sonsten mit Landt Ämbtern versehen sein. Da sich aber zuetruege, dass einer, oder der ander von disem Collegio nit zur stöll wehre, so soll alssdann allezeit dem Eltisten hernach angesagt werden. Sovil aber die gewöhnlichen Audienzen vor Unss in Unsserm geheimben Rath anbelangt, solle neben dem Präsidenten mehrers nit, alss noch ain, oder maistens zween Räthe erscheinen, Wir thäten dann ein anders absonderlich bevehlen.

Im Übrigen lassen Wir es bei Unssers Uhr Anherrn Kaysers Ferdinandi Primi underm dato Wienn den sibenzehenten November Anno tausent fünffhundert Sechs und fünffzig auffgerichten, und verfertigten Hoff Khriegs Raths Ordnung allerdings bewenden, so weit sich selbige auff die jetzige Zeiten ziehen lasset, Ausser dass Wir die alltägige Rathgang, wenigist auf vier Tag in der Wochen, und die Stund von acht bis ayllf Uhr Vormittag restringirn, und benennen thuen; doch dass die Täg, und stunden vleyssig gehalten, und Kheineswegs ausgelassen, der Rath auch in Unsserer Hoff Khriegs Raths Stuben bey Hoff allezeit gehalten werde. Da es auch die Wichtigkeit, und Eylferdigkheit der sachen erfordern solte, dass extraordinarie zusamben zukhommen vonnöthen wäre, Wollen Wir ein solches hiemit auch verordnet haben. Es soll aber Nachmittag die Khein Khriegs Rath, sondern allezeit Vormittag gehalten werden. Ess sey dann, dass Wir absonderlich ein anders bevehlen thäten, Innsonderheit Wollen Wir dissem Unserm Collegio die Geheimb fürnemblich eingebunden haben. Wie es dan eines Jedwedern gelaistes Jurament ohne dass

mit sich bringt, und soll ausser des Raths an Khainem Orth und mit Kheinem
Menschen von den militaribus negotiis geredet werden.

Demnach auch in Khriegs Rath offt Sachen vorkhommen, darzue Gelt
Aussgaben erfordert werden, also Verordnen Wir dass dergleichen Sachen zusamben gespart und an einem Tag in der Wochen, Unsser Hof Cammer Praesident neben einen oder zween Cammer Räthen, mit dem Kriegs Rath zusamben
khommen, solche Negotia miteinander berathschlagen, und nachmahls Ihr Mainung Unss gesammt vorbringen. Und ob Wir wohln dass General Khriegs Commissariat, Wie auch das Veldt- unndt Hauss Zeugmaister- nitweniger die Proviant Ämbter ersezt und bestellt haben, so Wollen Wir doch, dass Unsser
Hoff Khriegs Raths Praesident Vice Präsident und Hoff Khriegs Räth, auch auf
alles disses ein vleyssiges absehen haben, und eine solche abthailung under ihnen
gemacht werde, dass einer auff die Zeugheüsser, Artigleria, munition, und dergleichen, ein anderer auff die Proviand, ein anderer auff die Recrouten, remonten
und Werbungen (so man der vonnöthen haben möchte), und widerumben die anderen auff die Versicherung Unsserer Vestungen, und dern pau, sein Obsicht habe,
sich eines und dess Andern vleyssig, und wenigst Monathlich informire, wo ein
Abgang vorhanden, wo ein ersezung nothwendig, wo ein Würtschafft und ersparung anzustellen, alles Unsserm gesambten Hoff Khriegs Rath vorbringe, der Unss
nachmahls solches mit Guetachten referiren auch monatlich selbst a parte Extract
einraichen solle, auff dass Wir von allem zeitlich informirt sein, und Wann es
vonnöthen remediren Khönnen, wie dan in dissem und allem andern in Unssern
Hof Khriegs Raths Praesidenten, Vice Praesidenten und Hof Khriegs Räthe, Unsser
gnädigstes Vertrauen gestellt ist, wie auch gegen Sy und einen jeden absonderlich mit Gnaden ekhennen Wollen und sy erfüllen hierdurch Unssern gnädigsten
Willen, und mainung. Geben in Unsserer Statt Wienn den zehenten February
im Sechzehenhundert und Fünffzigisten, Unsserer Reiche des Römischen im
Vierzehenten, dess Hungarischen im Fünffundzwainzigisten, und des Böheimbischen im drey und zwainzigsten Jahr.

Ferdinand.

Johannes Mathias Prikhelmayer.

Ad mandatum Sac. Caes. Majestatis proprium J. B. Schidrintsch.

Copia, im Besitz des II. v. Latour.

XX.
Instruction für den Hofkriegsrath.
6. April 1675.

Leopold von Gottes gnaden Erwölter Römischer Kaysser, Zu allen Zeiten
Mehrer des Reichs etc. Instruction und Bestallung: was die Hoch- und Wollge-

bornne auch Wollgeborne, Edle, Unsere Liebe und Getrewe N. N. nit allein Unsere jezt Befündliche, sondern auch Künfftige I. Ö. Hoff Kriegs Praesident und Räthe, Unnss, und Unsern Getrewisten I. Ö. Landen zu Guettem, fromben, Wollfarth, und versicherung, in solchen Ihrem Ambt zuhandlen, und zu verrichten haben sollen.

Nachdem Wür auf Tödtlichen Abgang Unsers Hochgeehrten und geliebsten Herrn Vatters, Weillandt des Allerdurchleichtigisten, Grossmächtigisten Fürsten Herrns Ferdinand des Dritten Erwölten Römischen Kaysers, in Germanien, zu Hungarn, Bohaimb, Dalmatien, Croatien, Sclavonien etc. Königs Erzherzogens zu Österreich, Herzogens zu Burgundt, Steyr, Kärndten, Crain und Würtenberg, Graffens zu Tyrol, und Görz etc. May: und Lbd. Glorwürdigen Angedenkhens, die Röm. Kays. und Königliche, wie auch Unserer Übrigen Landen Landtsfürstliche Regierung angetretten, und neben und unter andern von dem Allmächtigen Unss unvertrauten Landt und Leüthen; Insonderheit auch wegen unserer I. Ö. Erblichen Fürstenthumben Steyr, Kärndten, und Crain, sambt der Graffschafft Görz, und denen Stätten, Triest und St. Veith am Pflaumb Sicherheit und Conservation zu gemueth geführt, und angelegenlich erwogen; Weillen Wür Jeziger Zeit solchen Unsern I. Ö. Landen persöhnlich nicht beywohnen Können, sondern von denenselben abweessig sein müessen; hingegen die Unumbgängliche Notturfft erfordert unter andern, auch die wider des Erbfeindts Christlichen Nambens, so gefähr: alss beschwärliche Nachbarschafft aufgerichtete Croatische und Meer: auch Windische und Petri-nianische Gränizen dergestalten Zubestellen, auf dass man dessen Gewaldtthättigen fürbruch in die hienach liegendte Lande, dardurch möglichst verwöhren, Zuforderist aber seinen Immerwehrendten Straiffereyen, Brennen, Sengen, rauben, Mordten und Hinwekhfürungen viller Christlichen Seelen in die grausambe Dienstbarkheit, bisshero nach eusseristen Kröfften unterbrechen mögen; Und wollen Nun darunter gnedigist erindert, dass höchstgenannter unser Geliebster Herr Vatter, Mildseeligisten Andenkhens, dass vertrawen in Ihre I. Ö. Kriegs Raths Praesidenten, und Räthe, sovil die drinige Militaria, und Gränizsachen anbetrifft, gestellt und auch mit gemessenen gnädigisten Gewaldt und Instruction versehen.

Alss haben Wür die Ihnen, noch unterm 11. Martij 1578 erthailte gnädigiste Instruction alles fleisses ersehen, und erwogen; darauf auch, wie Wür es derzeit für Nothwendig, und Nützlich befunden, verändert, und auf dass anjetzo von Unnss bestelte Regiment eingerichtet, wie hernach folget: Jedoch Zugleich auch selbige, so weith Sie ditsfahls nicht geändert worden, oder sonsten wirkhlichen Observanz bisshero bestandten, in allen Ihren übrigen Puncten allerdings bestelliget: Unns gnädigist versehendt, Weillen auch Wür unssers Thails, unser gnädigistes Vertrawen in Ihne Kriegs Präsidenten und Räthe sambent und sonders stöllen thuen; dass Sy Ihnen, dem bisshero erzaigten Eyfer, Fleiss, und von Gott habendten Verstandt nach, unssern drinigen

Kriegs- und Gräniz Statt auf dass allersorgfältigist werden angelegen sein lassen, sowoll die Conservation des geliebten Vatterlandts alss auch alle vorfallendte Gräniz angelegenheiten nach bösten vermögen, Threw und Eyfer beobachten; hingegen alle Nachthaill und Schaaden wahren, und wendten.

Und damit Sy Ihres aigentlichen Verhalts Gleichwolln gewisse Nachricht haben mögen, alss werden Sy sich hierauf in administrirung Ihres aufgetragenen Ambts bey denen Aydts Pflichten, warmit Unnss Sy, alss Getrewe Landts Mitglider in allweeg verbundten sein, Ihr gehorsambistes aufsehen, forderist auf Unnss, als Landtsfürsten, und Gränizherrn, und dann nach Unnss, auch auf Unssrige I. Ö. Gehaimbe Räthe, als Unssere immediat Repraesentanten haben, und auf Nachfolgendte Pünct Ihre Aufmerckhung stöllen, und richten

Erstens, Weillen obbedeutt: aufs böstmöglichist gemachte anstaldten einig und allein zu desto mehrerer Versicherung unserer gethrewisten I. Ö. auch anderer hinnach ligendter Christlichen Länder, vor des Türkhen Tyranney getrewlich angesehen: Alss sollen Sye Kriegs Praesident und Räthe an Ihren Getrewen Fleiss, Mühe und Sorgfältigkeit nichts erwünden lassen, damit, was zu denen Angelegenheiten, Handlungen, Gemainen Nuzen, Redt- und Beschüzung unserer Erblanden vonnöthen, also gleich in obacht genomben, auf vorher mit besagten unseren I. Ö. Gehaimben Räthen gepflogene reiffe deliberation und Berathschlagung mit denen Landen vertrewlich correspondirt, und sodann dergestalten werckhstöllig gemacht werde, auf dass dardurch alle antrohendte Gefahr, und hieherwerts gemachte feindtliche Anschläg zeitlichen hintertriben werden mögen.

Andertens. Nachdem mit gedacht Unsern Getrewisten Landen Steyr, Kärndten, und Crain, wegen gebührendter Unterhaltung obberührter Windisch Petrinianisch-Croatischer und Meer Gränizen noch hiebevor ein ordentliches verglichen worden: Alss sollen Sye Unsere Kriegs Praesident und Räthe in allweeg darob sein, damit die Jährlich fallendte Monaths Besoldungen der Gränizer jedesmahls zu rechter Zeit und weill, und zwar, sovil möglich, in paaren Geldt, oder doch in denen, denen Gränizern annemblichen Wahren, und in keinem gestaigertem Werth, damit die Gränizer sich darwider zu beschwären keine Ursach haben mögen, zuhandten gebracht, und der Soldatesca auf denen verglichenen, und bisshero observirten orthen, nemblichen auf der Wündischen Gränizen zu Warassdin, auf der Croatisch- und Meer Granizen aber zu Carlstatt und Zeng, oder wie mann sich sonsten sowoll wegen des paaren Geldts, alss des orths der Bezahlung mit denen Landtschafften verglichen hat, oder noch vergleichen würdet, unabgänglich abgerichtet werden.

Demnach es sich auch Drittens zuetragt, dass die Ersambe Landtschafften Jezuweillen die Bezahlung nicht völlig auf die Zwölff Monath Jährlichen, sondern ein wenigers zuraichen pflegen, wardurch dann ein Ausstandt erwachset, so sich öfters gar hoch hinnauf belaufft, warumben dann denen Gräniz Dienst

Leuthen man bisshero gewisse Ressl Schein ausszufertigen, gepflogen hat; Alss solle Er unsser Hof Kriegs Rath fürs Erste darob sein, damit die Landtschafften Ihre übernombene Bezahlungen von Jahr zu Jahr richtig laisten, und Keinen Ausstandt erwachssen lassen: Andertens aber, wann Je ein Ausstandt vorhandten wäre, alle Gewünsichtige, und dem Gemainen Gräniz Dienst Mann höchstschädliche Einhandlung der Rest Zettl durchgehendts ernstlich verbietten, dahero auch mit aussfertigung derselben (ausser der Gefangenen, auch armen Wittben und Waissen, und etwo andern Privilegirten Partheyen) genau, und gesparsamb sein.

Weillen auch Vierttens bei denen Gräniz Ubernembungspactaten mit denen Ersamben Landtschafften verglichen worden, dass Längist alle drey Jahre Ein Gräniz musterung gehalten werde; Alss solle Er Unser Hof Kriegs Rath seines Thails böstmöglichst darob sein, damit dissem nach die Musterung Jedesmahls, nach verfliessung dreyer Jahren, oder, wie man sich sonsten mit denen Landtschafften, ratione der Zeit vergleichen würdet, gehalten, und darbey mit denen Landschafften und Gränizern Ein ordentliche, und richtige Raittung gepflogen, der ausständige Resst, wie Mann sich derentwillen vergleichen würdet, wirkhlich guettgemacht, Zuforderist aber Zu der Mussterung Eine Bezahlung von etlichen Monathen gelaistet werde, damit sonsten die Gräniz Soldatesca sich der Musterung zu widersezen nit ursach habe: dann vier gleichförmige, ordentliche Newe Muster Register dem Muster Maister aufzurichten anbefelchen: daruon Eins Unss zu überschikhen, das andere zu Unserer Kriegs Stöll, das dritte derjenigen Landtschafft, in welcher die Musterung beschicht, zu übersendten, und dass vierte Er Muster Maister in guter Verwahrung bey sich zu erhalten haben würdet; auch alle auf denen Gränizen entstandene Confusionen, und eingeschlichene Missbräuch ganz ernstlichen Ein- und abstöllen, die, zwischen denen Gräniz Häuptern, und Officirn schwebendte Müssverständt, und Differenzien widerumben vermittlen, die Gesambte Soldatesca zu fleissigem dienen anmahnen: auch alle Vortheillhafftig aigennuzigkheiten und Pressuren der gesambten Soldatesca gänzlichen verbietten; Unserer Authoritet, Jurisdiction, und Territorio nit dass geringste entziechen lassen, wie zumahln aber, vor Jeder angehendten Gräniz Musterung die Notturfft mit unsern I. Ö. Gehaimben Räthen reiffig und bestens berathschlagen, und hinnach die Instruction vor unsser, und die Landtschäfftliche Commissarien einrichten, und darob sein, dass allen inserirten Puncten würkhlichen nachgelebt werde, dann die, über dise vorgenombene Gräniz Musterung, bey Ihnen einkhombendte Relation mit unsern drinigen gehaimben Räthen berathschlagen, und darauf mit Ihnen Ein Gesambtes Räthliches Guettbedunkhen gehorsambist herauss erstatten.

Nachdem Wür auch fünfftens Ihme Unserm Hoff Kriegs Rath die völlige Inspection, und Disposition sowoll der Landt- als Gräniz Fortifications Gebäw gnädigst hinumb gelassen, und anvertrautt; Alss würdet derselbe auch bessten Fleisses darob sein, auf dass die, von unssern gethrewisten I. Ö. Landen, über die darumben pflegende gewöhnliche Landtagshandlungen Jährlich verwilligte Baw-Gelder niergendtshin, alss wohin Sy gewidmet, getrewlich, und realiter verwendt (welches dann mit der Munition, und Proviant gleichmässigen verstandt hat) doch, dass die nothwendige Munition in guelen, und gerechten Sorten zeitlichen beygeschafft, und mit genugsamber Proviantirung die Gränizen jedesmahls dergestalten versehen werden, auf dass in dem widrigen bey Eines, oder des andern dergleichen unentpörlichen requisiti unverhofften Abgang die Gräniz Pläz nachgehendts in keine Gefahr gerathen, dahero sollen Sye Unser Hoff Kriegs Praesident und Räthe von denen Zahl- und Baw Ambts Officirn, wo nit von halb Jahr, zu halb Jahr, doch wenigist alle Jahr die Raittungen ordentlich abfordern, selbe vermitls dero unterhabendten Buechhalterey, wollbedächtig und genaw durchsuechen, und aussarbeithen, unssern drinigen Gehaimben selbige referirn, und, da Sy selbige begehrn oder verlangen werden, zum ersehen, und weithern examinirung hinauf gehen, auch folgendts wann Sy sothanne allerseits Just und gerecht befunden, auss der Ihnen Hoff Kriegs Räthen Untergebenen Canzley ordentliche Raithbrieff aussfertigen, solche auch hernach zu Unserer aigenen allergnädigisten Handt Underschrifft heraussehikhen, wie nit weniger, wan unsere getrewisten Lande solche Raittungen zu Ihrer Benachrichtigung begehrn möchten, Ihnen selbe Jedesmahls in Originali oder abschrifftlich communicirn lassen.

Sechstens solle bei Fürkherung der Musterungen, auf denen Gränizen (warzue dann Jedesmahls Er Kriegs Praesident selbsten, oder da er etwann nit füeglich abkhommen könnte, ein Kriegs Rath in Unserm Namben, nebens denen Landschäfftlichen Commissarien erscheinen solle) allen Gräniz Kriegs Volkh: Nemblichen dem KriegsVolkh Unser Kaiserliche Articls Brieff, denen Reuttern aber das Reutter Recht vorgelesen, und Sye darüber zu schwören angehalten werden. Wie Ingleichen die Gräniz Obristen, Haupt- und andere Befelchsleuth an dem Orth, wohin Sye geordnet, beharrlich verbleiben, und ohne unserer gnädigister immediat-Erlaubniss von Ihren Posten sich nicht absentirn: Vill weniger aber an Unsern Hoff begeben, sondern daselbsten auf Unsere Gräniz dienste, und der Länder Wollfarth, und Conservation fleissige achtung geben, allen Nachtheill und schaaden wahren, und wendten: hingegen den Nuzen, und Fromben nach böstem vermögen befördern helffen.

Sibendtens sollen Sye Hoff Kriegs Praesident und Räthe alle Vortheillhafftigkheiten auf denen Gränizen, bei den Gräniz Obristen, Oberhaupt- und Hauptleuthen, auch andern Befelchshabern; mit dem blindten Namben, alles Ernsts einstellen, die Wachtpläz fleissig bedienen lassen, und die Mannschafft Jedesmahl in völliger anzall erhalten.

Und Nachdem auch fürs Achte sich auf denen Gränizen Immerzue Verledigungen der Pläze eraignen, solche aber lang jähr, und unerseczt stehen zu lassen, unssern Diensten nit vorträglich wäre, Alss sollen Sye Unsere Hoff Kriegs Praesident und Räthe in allweeg mit Ernst darob sein, auf dass die verlediglc Mündere Pläze, von dem Grüniz Obristen und denen Ober Haupt Leuthen, allermassen es von Altersher practicirt worden, widerumben förderlich ersezt; Jedoch darbey unsserer allberaith ergangener special resolution gemäss bei Jeder Vacanz zway Monnath Soldt in Ersparung gezogen, von solchen ersparten Geldern aber bey denen vorgehendten Musterungen die Lifergelder sowoll für unserer Kayserlichen- als Landschäfftlichen Commissarien bestritten; alssdann aber von dem Rest Communicato Consilio mit denen Generaln, und beederseiths Verordneten Commissarien etwas zum besten der etwo verhandenen Armb- und Alten Gräniz Dienstleuthe, und anderer Nothleidtendten Partheyen verwendtet, der Überrest aber folgendts zu behueff der Gräniz fortificationen applicirt, auch zu dem Ende über disse mitl ain ordentlicher Conto gehalten, und Ihnen Gehaimben zu ersehen, gleich wie die andere Raittungen, hinauf gegeben werden sollen, damit mann sehen möge, wo solche ersparungs mitl aigentlich hinkhomben. Was aber die Leuthenandt, Fendrich, Burggraff, Woywoden, Wachtmaister, Führer etc. und andere dergleichen wichtigere Befelch anbelangt: weillen mit denselben ein mehrere Consideration zu haben, und solche bisshero ordinarie von Unserm Hoff Kriegs Praesident und Räthen ersezt worden; Alss solle es annoch darbey: nemblichen, dass Erstberührte Gräniz Befelch Niemandt, dann allein Sy unssere HoffKriegs Präsident- und Räthe zuersetzen haben sollen, allerdings verbleiben: Jedoch dises, der beeden Ersamben Landschafften in Kärndten und Crain 1653 erthailten allergnädigisten Überlassungs Resolution allerdings unpraejudicirlich, und mit Vorbehalt, wass wür wegen Ersezung dergleichen Pläz auf denen Windischen, und Petrinianischen Gränizen noch weithers allergnädigist resolvirn werden. In dem Übrigen verbleiben die Unnss immediate reservirte, auch andere vorschlägmässige Gräniz Befelch in der bissherigen Übung allerdings, und bey unserer alleinigen Ersezung, und verleihung billich.

Wann auch fürs Neundte auf denen Gränizen der Haupt- oder anderer Befelchs Leuth Pläze sich verändern, und verledigen möchten: Sollen Sy Kriegs Praesident und Räthe bedacht sein, dass die Landleuth, welche tauglich, zuforderist, und wo die nit vorhandten, andere Erfahrne Kriegsleuth zu Ersezung derselben befördert, und gezogen werden, darob auch fleissig halten.

So würdet auch fürs Zehendte Ihme Hoff Kriegs Rath der völlige Gräniz Artiglerin Statt undergeben, also und dergestalt, dass Er, wie vorhin, also auch noch hinfüro darmit die völlige disposition haben: Gleichwoll aber in allwceg dahin sehen solle, damit die Artigleriadienst Pläz mit Tauglichen, und der Kunst erfahrnen Subjecten Jedesmahls nach Notturfft versehen; und dahero, im Fahl dergleichen Vacanzen (darunder auch die Pixenmaister, und alle andere solche Stöllen begriffen) vorhanden, zu deren widerumb Ersezung Ihre Mainung abgeben, und solche bei unsseren I. Oe. Gehaimben ordentlich referirn, und demjenigen die Stöll verleihen, auf welchen der Schluss in selbiger Audienz erfolgen wirdet, nicht woniger in eventum auch Einige Persohnen in der Pixenmaisterey instruirn, und unterweissen lassen, auf dass mann im Fahl der Noth mit dergleichen Leithen versehen sein möge.

Wann auch zum Aylfften Unordnung, grosse Auffstündt, oder sonsten ainige Müngl bey denen Gräniz Völkhern entstehen, dardurch denen Gränizen, oder unsern Diensten, oder auch denen Landen, Einiger merkhlicher Nachtheill und schaaden zuewachssen solte, sodann sollen unsere Kriegs Praesident und Räthe solches in tempore, und eheunder es in Eine Weithleiffigkheit gerathe, wendten, und dempfen, die Urheber vor das Gericht stöllen, und selbige, nach Erkhandtnuss des Rechtens, andern zum Abschew, abstraffen lassen.

Weillen sich auch zum Zwölfften Jezuweilen begibt, dass under denen Gränizern Irrung, und strittigkheiten entstehen, und wiewohlen zu derselben billicher abhandlung auf Jeder Gräniz Ein ordentlicher Regiments Schuldtheiss mit seinen Gerichts Geschwornen bestelt ist; Nichtsdestoweniger, weillen die Partheyen mit denen ergehendten Urthlen offt nicht zufriden sindt, sondern um die Gottliebendte Justizi bei höhern instantien anzurueffen benöthiget werden, wohin Ihnen dann der Weeg auf Keine Weiss abzuschneiden; hingegen Wür zu gemüeth gezogen, dass dergleichen Justizi Sachen sehr haiglich, und darinnen gar baldt ein grosser Verstoss geschehen kann, wann nicht guete, in Rechten erfahrne und practicirte, auch consumirte Subjecte bei der Judicatur gebraucht werden: Alss haben Wür zu besserer sicherheit Unsers Gewissens gnädigist resolvirt, und wollen, dass fürdershin von dergleichen beschwärdten Partheyen nach gestalt der sachen, alle restitutionen sowoll in integrum alss auch ad noviter audiendum, et appellandum in Civilibus, et Criminalibus, absonderlich in Criminibus atrocibus et exceptis, bei unsern I. Ö. Gehaimben Räthen allein angesuecht und selbige, nach vernembung der nachgesezten gehörigen Stöllen, von Ihnen allein, krafft habendten Gewaldts resolvirt werden solle, welches Wür auch auf die Erkhandtniss in revisorio verstandten haben wollen: Sinthemahlen sich nicht gezimbet, dass Er Hoff Kriegs Rath, an welchen in Secunda Instantia die appellationes gehen, zugleich in tertia Instantia Judex Revisionis, und also Judex Appellationis und revisionis zugleich sein solle. Es sollen aber Sye Hoff Kriegs Präsident und Räthe gleichwoll auch bestens darob sein, damit erstberührte· unsere Gräniz Gerichte woll bestelt, denen strittigen Partheyen gleiches Recht erthailt, zuforderist aber dahin gesehen, damit durch Gunst, Gaab, oder forcht die Justizi nicht geradbrecht, noch verschimpfet werde: Ratione der Ab- und Ersezung des Regiments Schuldtheiss solle solche, wie oben bey denen Artigleria Persohnen gemeldet, conjunctim mit Ihnen Gehaimben in der desswegen haldtenden Audienz resolvirt, und selbigem Schluss gemäss ersezet werden.

Weillen auch zum Dreyzechendten auf denen Gränizen sich Einige Lehen befindten, welche er Hoff Kriegs Rath in zweyerley Sorthen, alss immediat Gräniz: Und dann landtsfürstliche Lehen unterschaiden will; Solche Unterschaidung aber darumben nicht bestehen kann, welllen beede Landtsfürstliche

Lehen seindt: Und nun wisset, dass alle Lehen in denen Gesambten I. Ö. Landten indistincte von unserer I. Ö. Regierung, und Hoff Cammer dependirn, und von dorten beobachtet, auch die Belehnungen erthailt werden; Alss solle es auch noch darbey, dem alt observirten modo gemäss, allerdings sein verbleiben haben, und selbige indistincte von Ihro Regierung und Cammer allein verlichen werden.

Vierzechendtens. Nachdeme bey Überlassung der Gränizen unsern I. Ö. getrewisten Landen, auf ihr inständiges anhalten zugleich ein ordentlicher Kriegs Rath formirt worden, welchem obligen solle, die Gränizen völliglich zu beobachten, und derentwegen die veranthwortung auf sich zutragen: Also, und damit derselbe sein anbefolchenes Ambt mit desto bessern Nachtrukh vertretten, und unsere Dienste nebens der Lande Wollfarth desto mehrers beobachten möge; Alss solle nach Unnss Ihme der völlige Gräniz Kriegs Ratt, wie der von Zeit zu Zeit stehen würdet, auf Weiss und Mannier, wie es bisshero gehalten worden, unterworffen sein, Massen dann zu solchem Ende, demselben Unser Kayserliches Insigl anvertraut ist, umb zu desto mehrerer Behauptung der Ihme hinumb gelassenen Authoritet die Expeditiones dahin, in unserm Namben, und unserer Signatur, wie bisshero, also auch noch hinfüro, aussfertigen zu khönnen.

Alle Expeditiones so zum fünfzechendten den statum militiae in unsern I. Ö. Landten concernirn, sollen, wie bisshero, also auch noch fürohin von der Kriegs Canzley aussgearbeithet, und eingerichtet werden, und Sy Hof Kriegs Präsident und Räthe dass Jenige, so von Einer Wichtigkeit ist, unserer unterm 21 Aprilis 1669 geschöpften gnädigisten resolution gemäss erstlich unter sich allein woll und reiff berathschlagen, und sich eines guettachten mit einander vergleichen, sodann sich bei Unssern drinigen Gehaimben Räthen umb Eine gewöhnliche audienz ansagen, und alda selbige gebührendt vortragen und ablesen, auch was darauf von Ihnen Gehaimben, es seye Ihren, von Ihme Hoff Kriegs Rath vorhero verglichenen und referirten Voto gemäss, oder nicht, geschlossen wirdet, vormerkhen, concipirn, und darnach aussfertigen lassen, wie es allhie von unnss beschieht, und Wür uns nicht auf die, von denen Canzleyen vorbringendten Mainungen bindten lassen, und also auch Sy gehaimbe, alss unsere Immediat Repraesentanten Ein Gleichmässiges zuthuen, und zwar auf Weiss und Manier, wie es in dem gleich jezo folgenten 16ten Articul mit mehrerm aussgetrukht worden Jedoch, ausser der von Unnss, oder sonnsten an Sy drinige Gehaimbe, und Kriegs Räthe einlaugendten Militarien, so von Einer mehrern Wichtigkeit, folgendts auch darmit kein Augenblickh zu versaumben ist, welche Ihme Hoff Kriegs Rath weithers nit Zur vorherigen Deliberation hinumb gegeben, sondern bey Unssern I. Ö. Gehaimben erhalten: Sy Kriegs Präsident und Räthe aber sodann alsobald zur Conferenz hinaufberueffen, die Zuberathschlagen Verhandene sachen Ihnen vorgetragen folgendts von Ihnen und hernach auch von Ihnen Gehaimben darüber votirt, und also dergleichen importirliche negotia nach möglichen Dingen verglichen' und zu Einem einhölligem Schluss gebracht werden sollen.

Solte sich aber fürs Sechzehendte begeben, dass in Einer oder andern fürfallendten Kriegs Materi Sy Gehaimbe mit denen Kriegs Räthen sich ganz nicht vergleichen köndten, sondern Ein Thaill diser, der Andere aber der widrigen Mainung völlig wäre; Sodann sollen Sy Kriegs Präsident und Räthe dass Guetachten darüber zwar einrichten, Jedoch der I. Ö. gehaimben Räthe Motiven durch Ihren, der Gehaimben, Secretarium (alss welcher auch bey Berathschlagung der Militarien sizet) vermerkht, und zusamben getragen, folgendts dem Kriegs Secretario zur inserirung Ihrer, der Gehaimben, Mainung in das Guettachten aussgefolgt, und solches Guettachten nachgehendts Unter Gleicher Fertigung an Unnss herauss befördert werden.

Zum Siebenzechendten sollen Sy Hoff Kriegs Präsident und Räthe mit besondern Ernst darob sein, damit die Ihrer Untergebenen Buechhalterey von denen Verordneten und bestellten Ordinari Kriegs- und Paw Zallmaistern zu Gräz, der Windisch- und Petrinianischen, auch Croatischen und Meer Gränizen, dann denen Pawschreibern besagter Gränizen, und beeder frontir Stätt Radkherspurg, und Fürstenfeldt, auch denen Zeugwarthen zu Warassdin, Carlstatt und Zengg, über die Ordinari Unterhaltungs Deputat und Paw Gelder, dann Munitions, absonderlichen und zuforderist über die Landtschäfftliche Extraordinari Contribution (bey welchen Letztern Unserer drinigen Hoff Cammer die Concurrenz gebühret, und Sie dahero in allweeg darzuezuziechen ist) gelegte Raittungen zu unserer Dienste, und der Interessirten Partheyen merkhlichen entgeldt nit lang aufgehalten oder etwann gar erligen bleiben, sondern unanständig beschleiniget werden: Zu dem Ende Ihne Buechhalter, und seinen Adjuncten ernstlichen dahin verhalten, solche gelegte Raittungen alsobaldten vor die Hand zu nemben, auf dass Getrew: fleissig: und genawist, doch der Billichkheit gemäss, zu eruirn, durch Zusehen, die Mängls Posten, und Ausstöllungen, zur ablainung der Partheyn zu formirn, und zu annotirn: anbey alle Quatember zu berichten, wass vor Raittungen unter Handten, welche aussgearbeithet, und noch ausszuarbeithen seindt, damit Sodann Sy Hoff Kriegs Präsident und Räthe selbige Zeitlichen abhören, folgendts justificirn, und hierüber die gewöhnliche und gebräuchige Raithbrieff, zu Pflegung gueter Richtigkheit obvermeltermassen aussfertigen lassen mögen. Und werden Sy Kriegs-Präsident und Räthe von solchen einkhombendten Raittungen nicht allein unsern I. Ö. Gehaimben zu Ihrer wissenschaft, und aigentlicher verabschaidung der drinigen Ersamben Landtschafften, in denen folgendten Landtags Handlungen sondern auch Unnss selbsten, weillen auch Wür ins künnfftig darvon beständige Wissenschafft zu haben verlangen, conjunctim mit Ihnen Gehaimben quatemberlich parte zu geben wissen.

Achtzechendtens sollen Jedesmahls wenigist zween Räthe bey der Stöll sich einfindten, auch Keinem, ohne sonders erheblichen Ehechafften, und Special Erlaubnuss erlaubt sein, über Vier Wochen sich von der Stöll zu absentirn; wie auch alle Wochen, wenigist Ein Audienz und Rath mit Ihnen Gehaimben halten da die verhandene negotien solches nicht öfflers erfordern thetten.

Zum Neunzechendten. Demnach langwürige Jahr hero in unsern I. Ö. Landen, zu Versterkh: und recroutirung unserer Militiae Campestris: wie auch zu Behueff, und Kriegsdienste der Cron Spanien, der Venediger Republic, und andern Fürsten und Potentaten auf erthailte Patent verschidene Werbungen angestelt, und erlaubt worden; Also wollen Wür, dass sowohl Unsere, als frembde Werber sich mit Ihren verwilligten Patenten, zu Verhüettung allerley darauss entstehendten Confusionen, und Verhüettung aller verbottenen fremden aufwerbungen, bei Unserm I. Ö. Hoff Kriegs Rath, mit derselben aufweissung anmelden, und die Verrere Licenz ansuechen: widrigesfahls Selbige derentwillen nit verstattet werden solle. Da auch die Newgeworbene ausser Landts zu hilff frembder Fürsten, und Potentaten abgeführt, sollen sich derselben Befelchshaber umb ordentliche Durchführungs Paassbrief bei Ihme unserm I. Ö. Hoff Kriegs Rath anmelden, und Ein specificirte anzahl der Völkher einraichen; und sollen dergleichen frembde Werber, sambt Ihrer werbendten Mannschafft Ihnen Hoff Kriegs Räthen mit der Jurisdicition so lang underworffen sein, alss Sy und Ihre werbendte Völkher sich in denen I. Ö. Landten befinden, und aufhalten werden.

Es sollen auch zum Zwainzigisten ofttbemelt Unsere Kriegs Praesident und Räthe mit Jedes Landts Verordneten vertrewliche guete Correspondenz halten, Ihnen die Gefährliche Einkhombene Zeittungen, auch anders alles, sovil sich Ambts: und pflichten halber thuen lässt, Jedesmahls communicirn, doch dasselbe alles bey Ihnen in der Enge und Gehaimb erhalten werden; auch Insonderheit auf Jedes Landts Landtstags Schlüsse guete Achtung geben, damit, demselben zuwider, nichts fürgenomben, berathschlagt, noch gehandlet werde, in Summa alles dass Jenige handlen, betrachten und verrichten helffen, was zu Jeden Zeiten unsere Dienste, und des geliebten Vatterlandts Versicherung und Erhaltung zum höchsten, und bösten erfordern: Allermassen unser gnädigistes Vertrawen in Ihre Persohnen gestelt ist.

Zum ain und Zwainzigisten. Was unserer I. Ö. Hoff Kriegs Praesident und Räthe, wie auch dero untergebene Canzley Bedienter Jährliche Besoldungen anbelangt: Demnach Anno 1625 bey Übernembung der dringen Croatisch: Meer: Windisch: und Petrinischen Gränizen der Kriegs Statt etlicher officirn restringirt, und gemündert, auch hierauf offterwehnte Getrewiste Ersambe Landtschafften Steyr, Kärndten, und Crain, Crafft gepflogener tractaten, und der proportion nach, zu Unterhaltung desselben, Bestreittung der Canzley Notturfften, und anderer Bedürfftigkheiten, Ein gewisses Jährliches Unterhalttungs Quantum: Benendtlichen acht Tausendt Gulden aussgeworffen, und Gleich wie den Gräniz Kriegs Statt, auss denen Ihnen Landschafften hierzu eingeraumbten genuegsamben Mitlen zu unterhalten verwilliget, und bei Jeden Landttags Handlungen denen veraccordirten pactaten, und bisshero observirten modo gemäss, die continuirung dises Deputats Jederzeit angesuecht würdet. Alss solle er Hoff Kriegs Rath Eine, auss seinen Untergebenen Officiern, Getrewe, und Taugliche Persohn zu Einen Kriegs Zahlambts Verwaldtern verordnen, welcher berührtes Unterhaldtungs Deputat bey Ihnen Ersamben Landtschafften eüfrig und fleissig sollicitire, und Einbringe: Hiervon, auf erfolgendte ordentliche anschaffungen, die Besoldungen Einem Jeden absonderlichen, Zuforderist aber denen Nothleidendten officirn entrichte, und bezahle, auch die Canzley Notturfften, und andern Ausgaaben bestreitte, und hierauf unserm Hoff Kriegs Rath Jährlichen, mit Beyschliessung der Original Quittungen, des Geldt Empfangs, und dessen Aussgaab halber, getrewe und richtige verraittung einraichen; Er Kriegs Rath aber selbige weithers unsern I. Ö. Gehaimben Räthen ad revidendum hinauf geben solle.

Alldieweillen nun auch zum zway und Zwainzigisten Unsere und der Lande: Ingleichen auch anderwärtige sehr importirendte angelegenheiten zu Zeiten erfordern, Einem von unsern I. Ö. Hoff Kriegs Rath, ausser der Grüniz Mussterung, Extraordinari Commissiones über Landt aufzutragen, derselben aber auss aigener Spesa, ohne Liffergeldt beizuwohnen, und zuverrichten allzuschwär fahlen würde, in bedenklhen, dass sich dass Jährliche Kriegs Deputat nur bloss zur Unterhaltung, und auf Ein mehrers nicht extendirt; Also wollen Wür, dass es in derley auftragendten Commissions Verrichtungen über Landt, der Liffer Gelder halber, alss wie bey unserer I. Ö. Hoff Cammer gehalten, und selbigem gemäss besagte Liffergelder geraicht, und die anbefolchene Verrichtungen dardurch möglichst beschleiniget werden sollen.

Nachdem sich auch im Drey und Zwainzigisten Unsere I. Ö. Gehaimbe beclagen, wann Sy ainige Bericht, oder andere acta auss der Kriegs Canzley zu Ihrer ersehung und Information vonnötten haben, dass Ihnen selbige nicht gleich communicirt werden; sondern Sy erst lang darumben sollicitirn müessen: hingegen bissweillen die expeditionen keinen aufschub erdulden; Alss solle Er Hoff Kriegs Rath darob sein, damit Ihnen Gehaimben die, auss besagter Kriegs Canzley benöthigte, und begehrendte acta, und schrifften, gegen Einem Schein oder recognition, jedesmahls ganz unverlängt, und unwaigerlich erfolgt werden; Wie Wür dann hingegen Ihnen Gehaimben bewilliget, und zuegelassen haben, dass Sy alle und Jede Original Berücht, und Guettachten, so Ihnen von Ihme Hoff Kriegs Rath hinauf erstattet werden, bey sich behalten, und zu Ihren Canzley acten legen, die darzue gehörigen Einschlüss aber Ihme Hoff Kriegs Rath mit: und neben denen auf ihr Guettachten folgendte Beschaidt hinab zu Ihnen geben lassen möge, wie es von Unss allhie gegen Ihnen Gehaimben allein, und auch gegen Sy Gehaimbe, und Ihme Hoff Kriegs Rath zugleich zu beschechen pfleget.

Zum Vier und Zwainzigisten bleibt Es bey unserer, unterm 25. May des 1669 Jahrs ergangenen allergnädigisten resolution, dass hinfüro, bei verledigung Eines General Obristens, auch aller anderer vorschlägmässigen Pläzen und Stöllen, sowoll auf denen Windisch: und Petrinianischen, alss denen Croatisch: und Meer Gränizen indifferenter alsobaldt, nach dem verständigten Todt, oder Vacanz, unerwarthet unserer weithern gnädigisten resolution, und Befelchs von Ihnen Gehaimben, und Kriegs Räthen conjunctim für sich selbsten der Vorschlag von denen Ersamben Landtschafften abgefordert, und solcher mit Guettachten sodann eheist herauss befördert; Jedoch auch uns der Todtfahl, und die Vacanz, wie zumahlen zugleich, dass schon der Vorschlag darüber abgefordert worden, Jedesmahls gestrags und ungesaumbt zu unsern allergnädigisten Wissen und Nachricht herauss berichtet werden solle.

Schliesslichen wollen Wür Unss hiermit weiter austrukhlich vorbehalten haben, diese Instruction nach Beschaffenheit der sachen Leüffe und Zeiten, auch sonsten unserm gnädigisten Belieben und wollgefallen zu mindern, und zu mehren, auch sonsten zu verändern allergnädigist und ohne Geferde. Geben in unserer Statt Wien den Sechsten April im Sechzechenhundert fünff und Sübenzigisten, unserer Reiche, des Römischen im Sühenzechendten, des Hungarischen im Zwainzigisten, und des Böhaimbischen im Neunzechendten Jahre.

Leopold m. p.

J. P. Hocher fr. m. p.

Ad mandatum Sac. Caes. Majestatis
proprium Christoph v. Abele m. p.

Instructio für die I. Ö. Hoff Kriegs Praesident und Räthe.

Verzeichniss sämmtlicher Hofkriegs-Präsidenten.

	Abgetreten	Gestorben
(1577. Georg Freiherr v. Teufel)	—	—
1584, 21. Nov. David Freiherr v. Ungnad zu Soneg	—	1604.
1604. Karl Ludwig Graf zu Sulz	—	1610.
1610. Johann Freih. v. Molard	—	1619.
1619. Johann Kaspar Graf v. Stadion	—	1624.
1624, 31 Juli. Rambald Graf v. Collalto	—	1630 im Dec.
1632. Heinrich Graf Schlick	—	1650, 5. Jän.
1650. Wenzel Fürst v. Lobkowitz	1666.	—
1666. Hannibal Fürst v. Gonzaga	—	1668.
1668. Raimund Fürst v. Montecuccoli	—	1681, 16. Oct.
1681. Hermann Markgraf v. Baden	—	1691.
1692. Rüdiger Graf v. Stahremberg	—	1701.
1701. Heinrich Fürst v. Mansfeld	1703.	—
1703. Eugen Prinz v. Savoyen	—	1736, 21. April.
(1705. Leopold Graf Herberstein, Vicepräsid. in abs.)	—	1727.
1736. Lothar Graf v. Königsegg	1739.	—
1739. Joseph Graf v. Harrach	1762.	—
1762. Leopold Graf v. Daun	—	1766, 5. Feb.
1766. Moritz Graf v. Lascy	1774, 1. Juli.	—
1774. Andreas Graf v. Haddick	—	1790.
1790. Michael Graf v. Wallis	1796.	—
1796. Friedrich Graf v. Nostitz	—	1796.
1801, 9. Jänner. Erzherzog Karl	1805.	—

(Firnhaber.)

	Abgetreten	Gestorben
1805, 9. April. Maximilian Graf Baillet de la Tour	—	1806.
1806, 18. Juni. Wenzel Graf v. Colloredo . .	1809.	—
1809. Heinrich Graf Bellegarde	1814.	—
1814. Wenzel Graf Colloredo	1814.	—
1814. Fürst Schwarzenberg	—	1820, 15. Oct.
1820. Heinrich Graf Bellegarde	1825.	—
1825. Prinz Friedr. Xaver v. Hohenzollern . .	1830, 18. Sept.	—
1830. Ignaz Graf Gyulai	—	1831, 11. Nov.
1831. 19. Nov. Johann Graf v. Frimont . . .	—	1831, 26. Dec.
1832. Ignaz Graf v. Hardeck	—	—